MW01490392

PRAHA
V ZASTAVENÍ ČASŮ

Zdeněk Beneš

Prague in the Mirror of Time
Prag im Stillstand der Zeiten
Prague aux étapes des temps

Vydavatelství a nakladatelství Práce, s. r. o.
Středisko pedagogické literatury
Praha 1996

Autor i nakladatelství děkují Archivu Pražského hradu a metropolitní kapituly a Ústřednímu archivu Národního divadla v Praze za laskavé poskytnutí obrazového materiálu.

Lektoroval univ. prof. PhDr. Josef Petráň, DrSc.
ISBN 80-04-26207-4

Praze se dostalo mnoha přívlastků. Jednomu je kouzelná, druhému magická; pro někoho je krásná, pro jiného snová; ten ji vidí jako panoramatickou, onen jako fotogenickou. Město nad Vltavou je opravdu mnohotvárné. Každou svou částí, ulicí, domem odhaluje svoji jinou podobu, nabývá jiných tvarů a barev. A tak jsou všechny její přívlastky stejně tak oprávněné jako klamavé. Praha je městem proměnlivých obrazů a nikoli statických slov, neboť je městem historickým. Prochází jí čas zastavující se v drúzách dob vtiskujících se do tváře ulic a náměstí, do zdí paláců, domů a chrámů, do tvarů věží a skulptur. Stopy všech dob se tu vrší, překrývají, stírají a pak znovu obnovují a zase znovu zastírají.

Ty nejdávnější z nich zavála už tisíciletí. První lidé se na terasách nad velkým ohybem řeky usadili ve čtvrtém tisíciletí před Kristem. Jejich sídliště, zprvu roztroušená po návrších vysoko nad řekou, se pak přesouvala stále blíže k řece a do údolí pod hradčanským vrchem. Tam, na místech dnešní Malé Strany, se ve druhé polovině 9. století začalo rodit středověké město a nad ním, tam, kde stál kamenný knížecí stolec a kde dal přemyslovský kníže Bořivoj postavit první křesťanský kostel, začal vyrůstat Pražský hrad. Ale jen málo zůstalo z těch dob zachováno modernímu věku. Stavby prvních počátků přelila nejprve veliká vlna předrománské a románské doby; její kostely a síně jejich domů tu a tam dodnes prosvítají pozdějšími stavbami. Do lomených oblouků a vznosných vertikál je přetavilo druhé z velkých dějinných vzedmutí poznamenávajících podobu města. Praha gotická, Praha posledních přemyslovských králů a Karla IV. se ve 13. a 14. století pozvedla k nejpřednějším metropolím tehdejší Evropy. Gotické věže, zdi a portály dodnes vytvářejí stylový kontrapunkt k jemným tvarům renesančních a zvláště pak barokních staveb už natrvalo dotvářejících vzhled historické Prahy.

Vrstvení stavebních slohů, jejich prorůstání i přetváření, běh dob o závod s časem zanechávaly za sebou šlépěj otiskovanou do tisíců kamejí, z nichž je mozaika Prahy složena. Praha je městem barevným. Čas v ní nachází své barvy. Praha románská i gotická je dnes šedá a okrová; renesance a baroko rozhodily po palácích a měšťanských domech širokou paletu pestrých barev, zeleně svítí měděné střechy, červenou, bílou, zelenou i hnědou září jejich fasády. Zpět získávají své barvy i bloky domů dosud utonulé v anonymitě a šedi minulého století, které jako by historickému městu dosud nepatřilo. A zatím poslední z prožitých století dodalo městu racionální barvy - kovově stříbřitou a skelně lesklou.

Pro pražského chodce to ale nejsou oddělené příznaky minulých epoch. Z malých plošek se mu slévají do širokodechého panoramatu, lomí se mu v oparu stoupajícím nad řekou a zachytávajícím se v síti prolamovaných střech Malé Strany, Hradčan i Starého Města, a tak se mu stávají jednotlivým trváním v čase.

Jaká je tedy potom Praha? K odpovědi dojde pražský chodec sám; vše, co uvidí, se prolne s tím, co již prožil a zažil. Tak se mu mnohotvárnost a proměnlivost města změní v setrvalost poznání. V jeho Prahu, kterou si uchová a odnáší.

Many names have been attributed to Prague in her lifetime. One may find her magical, a second enchanting; For one she may be beautiful for another, dream-like; Yet another may deem her panoramic, and his friend may simply use the word „photogenic". The city upon the Vltava indeed has so many faces.

Each district, each street, each building offer a different view to different observers, taking on many shapes and colours in the process. And so her many names are as appropriate as deceptive. Prague is a city of changing images rather than static words, because she is a town rich in history. Each historical period left its footsteps on the streets and squares, on the walls of the palaces, houses and cathedrals, on the towers and statues. The main features of all historical periods merge here, overlapping, displacing, and coming and going, covered and uncovered.

The most distant times have been blown away by the passing millenia. The first people settled above the great river bend 4000 years before Christ. Their settlement, first scattered around the hills high above the river, started to move closer and closer to the river and down into the valley below what is now called Hradčany hill. There, in the area now known as the Lesser Town, the medieval town arose in the second half of the ninth century. The Prague Castle began to grow on the spot where the Přemysl ruler Bořivoj had built the first Christian church, site of the kingdom's Bench of Stone. But only little from these times has lasted until the modern age.

The first buildings were swept away by the wave of pre-Romanesque and Romanesque development; Romanesque churches and the facades of Romanesque houses still, here and there, poke through later architectural additions. They form many of the pointed arches and lofty verticals, the foundations, if you will, of the second great historical movement which altered the appearance of the town. Gothic Prague, the Prague of the last Přemysl kings and of Charles IV, sprung up among the most important cities of middle Europe in the 13th and 14th centuries. The Gothic towers, walls, and portals still represent a stylistic counterpoint to the tidier Renaissance shapes and especially to the Baroque buildings that were to eventually mould this historic city.

These layers of architectural styles, their mingling and changing, their race with time, all left their traces in thousands of cameos which make up the mosaic of Prague. It is a town full of colours, each period of time having established its own colour. The Romanesque and Gothic Prague is grey and beige today. The Renaissance and Baroque Prague has thrown a wide variety of vivid colouration across the palaces and burgher houses. Their copper roofs and facades are a glimmer of red, white, green and brown. Even the blocks of residential houses, drowned in grey anonymity of this century, manage to win back their colours. But our century also contributed its own rational colours; Metallic silver and shimmering glass.

All these features, however, do not appear seperately to the Prague visitor. The smaller facets flow together into a wide breath-taking panorama. They point through the mist, rising up from the river, caught in the nest of the many-layered roofs of the Lesser Town, Hradčany, and the Old Town, and convey the impression of living side by side, simultaneously in time.

So what is the nature of this Prague? Every Prague visitor must find the answer himself. Everything they see will come together with what they have experienced in their own lives up to that moment. In this way, the many-facetedness and changeability of the town will aqcuire the durability of knowledge, a personal Prague to be collected and taken away.

Prag werden viele Eigenschaften zugeschrieben, für den einen ist es zauberhaft, für den zweiten magisch, für manch einen wunderschön, für einen anderen wiederum traumhaft, der eine liebt sein Panorama, jener findet es photogen. Die Stadt an der Moldau hat wirklich viele Gesichter. In jedem Viertel, jeder Straße, jedem Haus enthüllt sich ihr verschiedenartiges Antlitz, verändert sich ihr Eindruck, gewinnt sie an Farben. Und so sind alle ihre Attribute genauso berechtigt wie irreführend. Prag ist eine Stadt unterschiedlicher Bilder und nicht statischer Worte, denn es ist eine historische Stadt. Die Zeit geht hier durch, einzelne Epochen spiegeln sich in den Straßen und Marktplätzen, in der Palast-, Haus- und Kirchenmauern, in der Form der Türme und Skulpturen wider. Spuren aller Zeiten häufen sich hier an, überdecken sich, verwischen sich, dann erneuern sie sich wieder und vergehen wieder.

Die ältesten von ihnen sind von Jahrtausenden verweht. Die ersten Menschen ließen sich auf den Terrassen über dem großen Flußbogen im vierten Jahrtausend vor Christi nieder. Ihre Siedlungen, zuerst auf den Hügeln über dem Fluß zerstreut, verschoben sich viel später immer näher zum Fluß und ins Tal unter dem Hradschin-Hügel. Dort, wo sich heute die Kleinseite befindet, entstand in der zweiten Hälfte des I. Jahrhunderts die mittelalterliche Stadt, und darüber, dort wo der steinerne Fürstenstuhl stand, und der Přemyslide Bořivoj die erste christliche Kirche erbauen ließ, begann die Prager Burg zu wachsen. Aber nur wenig blieb aus diesen Zeiten für die heutige Zeit erhalten. Über die allerersten Bauten schlug eine große Welle der vorromanischen und romanischen Zeit; ihre Kirchen und Hallen ihrer Häuser drängen manchmal bis heute durch die späteren Bauten. Während des zweiten historischen

Aufschwungs, der für die Stadt bedeutend war, wurden sie zu Spitzbögen und prunkvollen Vertikalen umgewandelt. Das gotische Prag, Prag der letzten Přemysliden-Könige und Karls IV. wurde im 13. und 14. Jh. zu einer der wichtigsten Metropolen des damaligen Europas. Gotische Türme, Mauern und Portale bilden bis heute einen Stillkontrapunkt zu den feinen Formen der Renaissance- und Barockbauten, die für immer das Aussehen des historischen Prags prägen.

Die Schichtung der Baustile, ihr Durchwachsen und ihre Umformung im Wettlauf der Zeiten hinterließen eine Spur in tausenden von Kameen, aus denen das Mosaik „Prag" besteht. Prag ist eine bunte Stadt. Jede Zeit findet hier ihre Farben. Das romanische und gotische Prag ist heute grau und ockergelb; Renaissance und Barock verstreuten viele bunte Farben über die Paläste und Bürgerhäuser, grün leuchten die Kupferdächer, weiß, grün, braun und rot strahlen ihre Fassaden. Auch die bis jetzt in Anonymität und Grautönen versunkenen Häuserblocks erhalten wieder ihre Farben aus dem vorigen Jahrhundert zurück. Dieses Jahrhundert scheint nicht, zur historischen Stadt zu gehören. Es gab aber der Stadt rationelle Farben - Silbermetallisch und Glasglänzend.

Für einen Prager Fußgänger sind es jedoch nicht voneinander trennbare Kennzeichen vergangener Epochen. Die kleinen Flächen verbinden sich zu einem breiten Panorama, werden im leichten Dunst über dem Fluß gebrochen und im Netz der Kleinseitner, Hradschiner und Altstädter Dächer gefangen. Auf solche Weise dauern sie einheitlich in der Zeit. Wie aber ist nun Prag eigentlich? Zur Antwort gelangt der Prager Passant selbst; alles, was er sieht, verbindet sich damit, was er schon erlebt hat. So werden sich die Vielfältigkeit und Veränderlichkeit der Stadt in die Beharrlichkeit des Erkennens verwandeln. Es ist sein Prag, das er bewahrt und mit sich nimmt.

Pour définir Prague, nombreuses épithètes ont été trouvées. Selon les uns, elle est merveilleuse, selon d'autres, elle est magique; selon les uns, elle est belle, selon d'autres, elle semble sortir d'un rêve; tel la voit panoramique, tel autre photogénique. En effet, cette ville est multiforme. A chaque endroit, dans chaque rue, chaque maison, elle apparaît sous un autre aspect, elle offre des formes et des couleurs différentes. C'est pourquoi toutes les épithètes sont à la fois justifiées et trompeuses. Prague est une ville aux images changeants, on ne peut pas la définir en termes fixes, car c'est une ville historique. Le temps passe et s'arrête aux époques qui ressemblent aux cristaux maclés et laissent leurs empreintes sur la face des rues et des places, sur les murs des palais, des maisons et des églises; les formes des tours et des sculptures en sont empreintes. Les traces de toutes les époques s'entassent, se recouvrent, s'effacent et se renouvellent et s'effacent de nouveau.

Les plus anciennes sont balayées par des milliers d'années. Les premiers habitants se sont installés sur les terasses au-dessus du grand tournant de la rivière au quatrième millénaire avant J.-C. Leurs sites, d'abord dispersés sur les coteaux au-dessus de la rivière, s'approchaient peu à peu de la rivière, dans la vallée au-dessous de la colline de Hradčany. Là, à l'endroit où se trouve à présent le quartier de Malá Strana, naissait, dans la deuxième moitié du IXᵉ siècle, une ville médiévale; plus haut se trouvait le siège ducal de pierre et c'est là où Bořivoj, duc de la dynastie Přemyslide, a fait bâtir la première église chrétienne; et là commençait à s'élever le château de Prague. De ces temps, presque rien ne subsiste jusqu'à nos jours. D'abord, c'était la grande vague de l'époque préromane et l'époque romane qui a submergé les constructions originales. A présent encore, quelques vestiges des églises et des maisons apparaissent sous les constructions ultérieures. Le deuxième des grands mouvements a marqué la face de la ville par des arcs brisés et des verticales élancées. Au XIIIᵉ et au XIVᵉ siècle, la Prague gothique, la Prague des derniers rois Přemyslides et de Charles IV s'est élevée parmi les principales métropoles de l'Europe. Jusqu'à nos jours, les tours, murs et portails gothiques contrastent avec les formes délicates des monuments Renaissance et surtout baroques, formant ainsi l'aspect définitif de la ville.

Les couches superposées de styles d'architecture, en s' entremêlant et se transformant, en luttant contre le temps, ont formé les milliers de camées dont se compose la mosaïque de Prague. Prague est une ville colorée. Les époques offrent leurs couleurs: la Prague romane et gothique est aujourd'hui grise et ocrée; la Renaissance et le baroque ont répandu sur les palais et les maisons bourgeoises les couleurs d'une riche palette - le vert brille sur les toits en cuivre, le rouge, le blanc, le vert et le brun luisent sur les façades. Même les blocs d'habitations noyés dans l'anonymat et les tons gris du siècle passé, qui donnent impression de ne pas appartenir encore à la ville historique, regagnent leurs couleurs. Et notre siècle y a ajouté des couleurs rationnelles - la couleur argentée du métal et le brillant du verre.

Mais pour un promeneur, Prague n'est pas un ensemble de signes témoignant des époques révolues. Les petites facettes se fondent dans un vaste panorama, se réfractent dans la brume légère montant au-dessus de la rivière et accrochée au réseau des toits pliés des quartiers de Malá Strana, Hrad-čany et Staré Město et donnent l'impression de l'unité et de la continuité.

Alors, comment est Prague? La réponse, le promeneur la trouvera lui-même: tout ce qu'il aura vécu, pénétrera dans tout ce qu'il aura vu. La diversité et la variabilité de la ville offrira un acquis constant. La ville qu'il emportera et qu'il gardera présente à sa mémoire, ce sera une Prague à lui.

1. Karlův most
2. Pražský hrad
3. Malostranské náměstí
4. Nové zámecké schody
5. Arcibiskupský palác
6. První hradní nádvoří
7. Chrám sv. Víta
8. Kaple sv. Václava
9. Náhrobek sv. Jana Nepomuckého
10. Vladislavský sál
11. Španělský sál
12. Zlatá ulička
13. Hradní rampa
14. Rajská zahrada
15. Staré zámecké schody
16. Valdštejnský palác

1. Mnoho vody již proteklo mezi pilíři Karlova mostu, mnohé se událo pod jeho třiceti sochami a sousošími. Po staletí jediná spojnice mezi oběma vltavskými břehy byla cestou králů i prostých poutníků, Pražanů i cizinců; valily se po ní armády, kráčela po ní i mírová poselstva. Jako by právě tady, kde vše má vymezenou jen několik metrů širokou cestu, odhalovaly dějiny města a s nimi i dějiny celé země svou mnohotvářnost a dramatičnost. Odtud se otevírá panorama města, zvoucího dál...

1. Many waters have flowed beneath the supporting columns of Charles Bridge. Much has happened in front of the statues and sculptures. For centuries, it was the only link between the banks of the river. It was the king's route as well as the common pilgrim's, the burgher's and the foreigner's; armies marched across it as well as peace missions. As if on this precise spot, in a space of several square meters, history played itself out in all its variety and drama. The panorama of the town opened from this point, and invites you for closer glimpse...

1. Viel Wasser ist schon zwischen den Pfeilern der Karlsbrücke hindurch durchgeflossen, vieles ist unter ihren dreißig Statuen und Statuengruppen geschehen. Jahrhundertelang war die einzige Verbindung der beiden Moldauufer Weg sowohl der Könige, als auch der einfachen Wanderer, der Prager und Ausländer; Armeen rollten hier entlang, Friedensdeputationen nahmen diesen Weg. Als ob gerade hier, wo alles einen begrenzten, nur ein paar Meter breiten Raum hat, die Stadt- und Landesgeschichte ihre Vielfältigkeit und ihre Dramen enthüllte. Von hier öffnet sich das Stadtpanorama, lädt Sie ein...

1. Beaucoup d'eau avait déjà coulé sous les arches du pont Charles, tant d'événements s'étaient passés près de ses trente statues ou groupes de sculptures. De siècle en siècle la seule liaison entre les deux rives de la Vltava, le pont était une voie pour des rois aussi bien que pour le menu peuple, pour les habitants de Prague aussi bien que pour les étrangers; des armées y déferlaient et des délégués de traités de la paix passaient par là. Comme si c'était ici, à cet endroit où tout est limité par le peu d'espace, l'histoire de la ville - et par conséquent du pays entier - faisait voir ses faces multiples et son caractère dramatique. De là s'ouvre devant nous le panorama de la ville, invitant d'aller plus loin...

KARLŮV MOST, stavěný z příkazu Karla IV. od roku 1357 do poč. 15. stol., stojí na místě staršího románského kamenného Juditina mostu zničeného r. 1342. Je 520 m dlouhý a 10 m široký. Výjimečná galerie soch na něm vznikala postupně od 17. století.

CHARLES BRIDGE, commissioned by Charles IV, from 1357 until the beginning of the 15th century, replaced the older Romanesque stone Judith's Bridge, destroyed in 1342. It is 520m long and 10m wide. The exceptional set of statues were installed gradually since the 17th century.

DIE KARLSBRÜCKE im Auftrag Karls IV. seit 1357 bis Anfang des 15. Jh. gebaut, steht an der Stelle der älteren romanischen steinernen, im Jahre 1342 vernichteten, Judithbrücke. Sie ist 520 m lang und 10 m breit. Die außergewöhnliche Statuengalerie entstand nach und nach seit dem 17. Jh.

LE PONT CHARLES fondé par Charles IV, construit de 1357 jusqu'au début du XVᵉ siècle, a remplacé le pont Judith de style roman en pierre, détruit en 1342. Il est long de 520 m et large de 10 m. Une galerie extraordinaire des statues y naissait à partir du XVIIᵉ siècle.

r. 1635

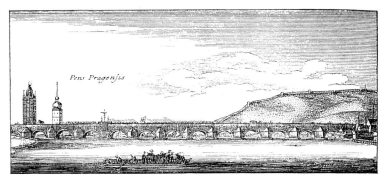

r. 1824

r. 1890

2. Kdysi vysoko nad městem, dnes uprostřed něho, na kopci, jenž „se zkrucuje na způsob delfína", jak praví první český kronikář Kosmas, stojí Pražský hrad. Mohutný komplex paláců a chrámů tvoří při pohledu z Karlova mostu či staroměstského nábřeží nejznámější panorama Prahy. Od románského kláštera sv. Jiří po přestavby a dostavby v našem století se na temeni hradčanského vrchu kupily skvosty architektury i výtvarného umění a jako by spolu vytvářely jakousi Prahu v malém, symbiózu časů a napětí tvarů zrcadlících dějiny města pod ním.

2. Earlier, high above the old town, now in its centre, on a hill, „shaped like a dolphin", as described by the first Czech chronicler Kosmas, stands Prague castle. The grandiose complex of palaces and cathedrals is the most famous part of the Prague panorama when viewed from Charles bridge or the Old Town bank. The treasures of architecture and painting have piled up on the top of Hradčany hill, ranging from the Romanesque monastery of St. George to the constructions and reconstructions of our century, and they create a tension of shapes, reflecting the symbiosis of the times and the history of the town below.

2. Früher hoch über, heute inmitten der Stadt, auf dem Hügel, der „sich delphinartig krümmt", wie der erste böhmische Chronikschreiber Kosmas schildert, steht die Prager Burg. Der mächtige Palast- und Kirchenkomplex bietet, vom Blick der Karlsbrücke oder vom Altstädter Ufer aus, das bekannteste Panorama Prags. Vom romanischen St. Georgs-Kloster bis zu den Umbauten und Bauvollendungen in unserem Jahrhundert häuften sich auf dem Hradschiner Hügel Prunkstücke der Architektur sowie der bildenden Künste an, die miteinander anscheinend „ein kleines Prag" bildeten, eine Symbiose der die Stadtgeschichte widerspiegelnden Zeiten und Formen.

2. Jadis loin au-dessus de la ville, aujourd'hui en pleine ville, sur une colline qui „est incurvée à la façon d'un dauphin" (dit Kosmas, le premier chroniqueur tchèque), s'élève le Château de Prague. Un complexe imposant de palais et d'églises qui, vu du pont Charles ou du quai de la Vieille Ville, compose le panorama de Prague le plus connu. A partir de la construction du monastère Saint-Georges jusqu'aux rééditions réalisées pendant notre siècle, s'amassent sur le sommet de la colline de Hradčany des joyaux d'architecture et d'art plastique. C'est la ville de Prague en miniature, symbiose des siècles et de la tension des formes qui reflètent l'historie de la ville.

PRAŽSKÝ HRAD byl založen v poslední čtvrtině 9. stol., kdy sem bylo také přeneseno hlavní sídlo přemyslovských knížat. V jeho stavebním vývoji se zvláště odrazila vláda Karla IV. (1346-1378), Ferdinanda I. (1526-1564), Rudolfa II. (1576-1611) a Marie Terezie (1740-1780). Nový impuls pro stavební činnost na Hradě přinesl pak až vznik Československé republiky r. 1918.

THE PRAQUE CASTLE, built in the last quarter of the ninth century, when it became the seat of the Přemysl rulers. Its architectural development reflected especially the reigns of Charles IV (1346-1378), Ferdinand I (1526-1564), Rudolf II (1576-1611) and finally Maria Tereza (1740-1780). A new impulse to the architectural activity at the castle was the foundation of the Czechoslovak Republic in 1918.

DIE PRAGER BURG wurde im letzten Viertel des 9. Jh. gegründet; zu dieser Zeit wurde auch der fürstliche Hauptsitz der Přemysliden hierher verlegt. In ihrer Bauentwicklung spiegeln sich v. a. die Regierungen Karls IV. (1346-1378), Ferdinands I. (1526-1564), Rudolfs II. (1576-1611) und Maria Theresias (1740-1780) wider. Neuen Anstoß zur Bautätigkeit auf der Burg gab erst die Gründung der Tschechoslowakischen Republik 1918.

LE CHÂTEAU DE PRAGUE a été fondé dans le dernier quart du IXe siècle où y a été transférée la résidence des derniers ducs Přemyslides. Son architecture a été influencée surtout sous le règne de Charles IV (1346-1378), de Ferdinand Ier (1526-1564), de Rodolphe II (1576-1611) et de Marie-Thérèse (1740-1780). Après, ce n'est que la naissance de la République Tchécoslovaque en 1918 qui a redonné une impulsion à l'activité architecturale au Château.

r. 1493

r. 1618

r. 1860

3. Každé z pražských měst mělo svoje náměstí s radnicí, honosnými měšťanskými domy, kostelem i šlechtickými paláci. Svažité náměstí Menšího Města pražského se oproti hlavním náměstím Starého a Nového Města, ale i náměstí Hradčanskému zdá malé i málo výstavné. Rozděleno blokem budov kolem kostela sv. Mikuláše jako by přicházelo o část sebe sama. A přece: jeho domy a paláce tvoří bohatý soubor architektury několika slohů, renesancí počínaje a kubismem konče.

3. Each of the Prague districts had its own square and town hall, its ostentatious burgher's houses, its church, and its nobleman's palaces. The sloping hill of the Prague Lesser Town may seem small and not so built up as compared to the main squares of fhe Old and New Towns or to Hradčany square. It is divided by the block of buildings around St. Nicholas church an thus deprived of a certain space. Despite this fact,its houses and palaces represent a rich set of different architectural styles from the Renaissance to Cubism.

3. Jede der Prager Städte hatte ihren Marktplatz mit einem Rathaus, prunkvollen Bürgerhäusern, einer Kirche und Adelspalästen. Der abfallende Marktplatz der Prager Kleinstadt scheint im Vergleich mit den Hauptplätzen der Alt- und Neustadt sowie dem Burgplatz klein und nicht so schön zu sein. Er ist durch den Häuserblock um die St. Niklas-Kirche geteilt, als ob er einen Teil seiner selbst verloren hätte. Aber doch: seine Häuser und Palais bilden einen reichen architektonischen Komplex einiger Baustile, von der Renaissance bis zum Kubismus.

3. Chacune des villes de Prague avait sa place avec un Hôtel de Ville, de splendides maisons bourgeoises, une église et des palais de la noblesse. La place en pente de Menší Město pražské parait petite et pas assez avenante en comparaison avec les places principales de La Vieille Ville et La Nouvelle Ville et même avec la place de Hradčany. Partagée en deux par le pâté de maisons autour de l'église Saint-Nicolas, c'est comme si elle perdait une partie d'elle-même. Et pourtant, ses maisons et palais composent un riche ensemble architectural de plusieurs styles, à partir de la Renaissance jusqu'au cubisme.

Na **MALOSTRANSKÉM NÁMĚSTÍ** zaujme renesanční *palác Smiřických* (čp. 6) z přelomu 16. a 17. stol. a zbarokizovaný po r. 1763, bývalá *malostranská radnice* (čp. 35), pozdně renesanční stavba z let 1617-1622, znehodnocená ale přestavbou z r. 1822, malostranská *jezuitská kolej* (čp. 25), postavená podle plánů F. Carattiho D. Orsim a F. Luragem před r. 1674 v barokním stylu, stejně jako *Kaiserštejnský palác* (čp. 37) postavený ve stejném stylu podle návrhu G. B. Alliprandiho po r. 1700. Ukázkou moderního českého stavitelství je *kubistický dům* čp. 270 z let 1912-1913 navržený L. Kyselou.

The Renaissance *Smiřický palace* (no. 6) from the turn of the 16th and 17th centuries, built up in the Baroque style from 1763, will catch the eye of the visitor on the **LESSER TOWN SQUARE**, as will the former *Lesser Town Hall*, a Renaissance building built in 1617-1622. This was, however, partially devalued by the appendages in the year 1822, by the Lesser Town *Jesuit College* (no. 25), designed by F. Caratti, built by D. Orsi and F. Lurago before 1674 in the Baroque style, as well as by the *Kaiserstein palace* (no. 37), designed by G. B. Alliprandi after 1700. The *Cubist House* (no. 270) built in 1912-1913, designed by L. Kysela, is a sample of modern Czech architecture.

Auf dem **KLEINSEITNER RING** interessieren uns das *Smiřický-Palais* (Nr. 6), erbaut Ende des 16., Anfang des 17. Jh., barockisiert nach 1763, das ehemalige *Kleinseitner Rathaus* (Nr. 35), Bau der Spätrenaissance (1617-1622), durch den Umbau 1822 entwertet, das Kleinseitner *Jesuitenkolleg* (Nr. 25), gebaut vor 1674, im Barockstil von D. Orsi und F. Lurago, nach Entwürfen F. Carattis, sowie das *Kaiserstein-Palais* (Nr. 37), welches im gleichen Stil von G. B. Alliprandi entworfen und nach 1700 gebaut wurde. Ein Beispiel für moderne tschechische Architektur ist das *kubistische Haus* Nr. 270 aus d. J. 1912-1913, entworfen von L. Kysela.

Sur **LA PLACE DE MALÁ STRANA** l'attention est captivée par le *palais* Renaissance *de la famille Smiřický* (No 6) construit au commencement du XVIIe siècle et reconstruit en style baroque après 1763; l'ancien *Hôtel de Ville de Malá Strana* (No 35) de style Renaissance de 1617 à 1622, déformé par une reconstruction de 1822; l'ancien *collège des jésuites* (No 25), construit d'après les plans de P. Caratti par D. Orsi et F. Lurago avant 1674 en style baroque; *le palais Kaiserstein* (No 37) du même style, d'après le projet de G. B. Alliprandi après 1700. *La maison cubiste* (No 270) datant des années 1912-1917, projetée par L. Kysela, représente l'architecture tchèque moderne.

r. 1794

4. Malou Stranou vedou různá schodiště proplétající se poetickými zákoutími a úzkými průrvami mezi starými domy. Je tu ale i schodiště slavnostní, široké a výstavné. Vede od Malostranského náměstí k Hradu, pod jeho zahradami skrytými za vysokou zdí. Rušné místo v bezprostřední blízkosti Hradu bylo příhodné pro obchodování s luxusním zbožím; však také zbytky starých krámců jsou tu v přízemí domů patrné dodnes. Reprezentativnost tohoto místa měly pozvednout i sochy, jež plán z první poloviny 18. století navrhoval umístit do výklenků v opěrné zdi zahrad a prodloužit tak kamennou galerii Karlova mostu až k panovnickému sídlu.

4. Various staircases weave through the Lesser Town, linking poetic corners and narrow ravins between old houses. However, there are also more ceremonial staircases, wide and ostentatious, running from the Lesser Town square to the Hradčany castle, below its gardens, and hidden behind a high wall. The noisy place in close proximity to the castle accomodated a market of luxurious goods. The remains of old shops are still visible today in the basements of the houses. The representative character of this place would have also been emphasised by the statues which were to be placed into niches in the walls of the gardens according to a plan from the first half of the 18th century. They would thus extend the stone gallery of the Charles bridge right up to the seat of the rulers.

4. Durch die Kleinseite führen verschiedene Treppen, sie winden sich durch poetische, stille Winkel und schmale Lücken zwischen alten Häusern hindurch. Hier befindet sich aber auch eine feierliche, breite und prunkvolle Treppe. Sie führt unter ihren, hinter einer hohen Mauer versteckten Gärten vom Kleinseitner Ring zur Burg. Der lebhafte Ort in unmittelbarer Nähe der Burg war für den Handel mit Luxuswaren günstig; man sieht bis heute Reste der alten Läden im Erdgeschoß der Häuser. Das repräsentative Aussehen dieses Ortes sollten auch noch Statuen unterstreichen, die nach dem Entwurf aus der ersten Hälfte des 18. Jh. in die Nischen der Gartenstützmauer gestellt werden sollten. So hätte man die steinerne Galerie der Karlsbrücke bis zum Hradshin verlängert.

4. Plusieurs escaliers s'entrelacent à travers Malá Strana, dans les recoins poétiques et dans les brèches étroites entre les vieilles maisons. Mais il y a aussi un large et bel escalier élégant. Il mène de la place de Malá Strana au Château, le long des jardins cachés derrière un haut mur. L'endroit animé à proximité du Château était favorable au commerce de luxe; rien d'étonnant à ce qu'on trouve - aujourd'hui encore - au rez-de-chaussée des maisons, les restes de vieilles boutiques. Pour augmenter le prestige de ce lieu, un projet a prévu, dans la première moitié du XVIIIᵉ siècle, de placer des statues dans les niches des murs et prolonger ainsi la galerie des sculptures en pierre du pont Charles jusqu'au palais des monarques.

NOVÉ ZÁMECKÉ SCHODY byly vybudovány r. 1674 na místě původních středověkých stupňů zkracujících cestu k Hradu.

THE NEW CASTLE STAIRS were built 1674 and replaced the previous medieval terraces, thus shortening the route to the castle.

DIE NEUE SCHLOßSTIEGE wurde 1674 anstelle der ursprünglichen, mittelalterlichen, den Weg zur Burg verkürzenden Stiege errichtet.

LE NOUVEAU ESCALIER DU CHÂTEAU a été construit en 1674 pour remplacer les marches qui, au Moyen âge, ont raccourci le chemin menant vers le Château.

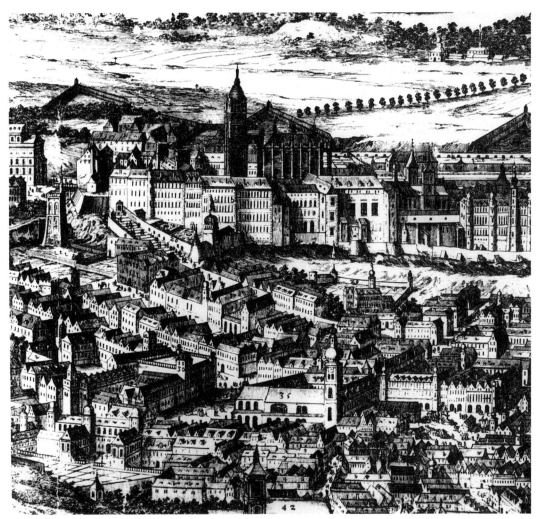

r. 1680

5. Od roku 1344 je Praha arcibiskupskou metropolí. A podobně jako osudy celé země, jsou i dějiny arcibiskupství poznamenány náboženskými boji a spory. Husitství přerušilo jeho dějiny na téměř jedno a půl století - a při jeho obnovení r. 1562 zakoupil král Ferdinand I. pro jeho potřeby renesanční dům na Hradčanském náměstí v těsném sousedství Hradu. A až po dalších sto letech byl tento dům přestavěn v reprezentativní sídlo pražských metropolitů, dokládající i znovuobnovenou sílu a moc katolické církve v kdysi „kacířských" Čechách.

5. Since 1344, Prague is the Archbishop's metropolis. The history of the Archbishopric as well as the destiny of the whole country are marked by the contemporary religious struggles and conflicts. The Hussite movement interrupted its history for a period of almost one and a half centuries. In 1562, King Ferdinand I bought a Renaissance house on Hradčany square close to the castle for the needs of his archbishopric. This house was then rebuilt into a representative seat for the Prague archbishops after another hundred years and served as hard evidence of the re-established power of the Catholic Church in the formerly „heretical" Bohemia.

5. Seit 1344 hat Prag seinen Erzbischof. Ähnlich wie das Schicksal des ganzen Landes ist auch die Geschichte des Erzbistums von religiösen Kämpfen und Streitigkeiten gekennzeichnet. Das Hussitentum unterbrach seine Geschichte fast für anderthalb Jahrhunderte - und bei seiner Erneuerung 1562 kaufte König Ferdinand I. zum eigenen Gebrauch ein Renaissancehaus auf dem Burgplatz in der Nachbarschaft der Burg. Erst nach hundert Jahren wurde dieses Haus zum repräsentativen Sitz der Prager Erzbischöfe. Ein Zeichen der erneuerten Macht und Kraft der katholischen Kirche im einst „ketzerischen" Böhmen.

5. Depuis 1344, Prague est métropole de l'archevêché. De même que le sort du pays entier, l'histoire de l'archevêché est marquée de conflits et combats de religion. Le hussitisme a interrompu son histoire pour presque un siècle et demi. En rétablissant l'archevêché en 1562, le roi Ferdinand Ier a mis à sa disposition une maison Renaissance sur la place de Hradčany à proximité du Château. Cent ans après, cette maison a été reconstruite pour devenir une demeure prestigieuse des métropolitains pra-

gois, manifestant la puissance et le pouvoir de l'Eglise catholique qu'elle a ragagnés dans la Bohême jadis „hérétique".

ARCIBISKUPSKÝ PALÁC byl do raně barokní podoby z původního renesančního domu přestavěn arch. J. B. Matheyem v l. 1675-1679 a poté znovu upraven do pozdně barokní podoby v průčelí i interiérech J. J. Wirchem v l. 1764-1765.

THE ARCHBISHOP'S PALACE was built up from the original Renaissance house into an early Baroque shape by the architect J. B. Mathey in 1675-1679. Later it was extended once again into a late Baroque shape, mainly on its facade as well as the interior, by J. J. Wirch in 1764-1765.

DAS ERZBISCHÖFLICHE PALAIS, ursprünglich ein Renaissance-Haus, wurde vom Architekten J. B. Mathey (1675-1679) in frühbarocker Form, dann noch einmal von J. J. Wirch (1764-1765) in spätbarockem Stil (u. z. Fassade und Interieur) umgebaut.

LE PALAIS ARCHIÉPISCOPAL à l'emplacement d'une maison Renaissance, a été reconstruit en baroque primaire par J. B. Mathey en 1675-1679 et de nouveau en 1764-1765 - la façade et l'intérieur - par J. J. Wirch.

poč. 19. stol.

6. První - čestné - nádvoří Pražského hradu nese nezaměnitelné znaky okázalých zámeckých nádvoří 17. a 18. století. A dnes by nikdo nehledal v místech honosné mříže s bohatou sochařskou výzdobou hlubokou strž, oddělující po staletí panovníkovo sídlo od čtvrtého z pražských měst - Hradčan. Hrad ztratil na počátku moderní doby svoji pevnostní úlohu a zachoval si pouze funkci reprezentační, jež se projevila v rozsáhlých stavebních úpravách, jimiž Hrad získal svoji dnešní podobu.

6. The first courtyard - of honour - of the Prague castle bears unmistakable features of the spectacular castle courtyards of the 17th and 18th centuries. Nobody would search today for the original deep abyss where now stands this luxurious lattice with its fine sculptures. The abyss seperated the rulers' seat from the fourth of the four Prague districts, Hradčany, for centuries. The castle lost its character of a fortress at the beginning of the Modern period, and has retained only its representative function which influenced the extensive architectural adjustments that altered the castle into its present appearance.

6. Der erste Burghof - Ehrenhof - weist unverwechselbare Merkmale prächtiger Schloßhöfe des 17. und 18. Jh. auf. Niemand würde heute an Stelle des prunkvollen Gitters mit reicher Bildhauerdekoration einen tiefen Graben suchen, der jahrhundertelang den Herrschersitz von der vierten Prager Stadt - Hradchin - trennte. Zu Beginn der heutigen Zeit verlor die Burg ihre Festungsaufgabe und bewahrte sich nur die repräsentative Funktion, die in großen Umbauten zum Ausdruck kam. So gewann die Burg ihre heutige Form.

6. La première cour - la cour d'honneur - du Château de Prague a des traits caractéristiques des cours fastueuses des châteaux du XVIIe et XVIIIe siècles. Aujourd'hui, personne n'y chercherait - là, où se trouve une grille pompeuse avec une riche décoration sculpturale - un ravin profond, séparant pendant des siècles la résidence du monarque de la quatrième des villes de Prague - de Hradčany. Au début de l'époque moderne, le château a perdu son rôle de forteresse, ne maintenant que sa fonction représentative; ce qui a suscité des vastes transformations par lesquelles le Château a acquis son aspect actuel.

PRVNÍ HRADNÍ NÁDVOŘÍ vzniklo za tereziánských přestaveb Hradu v l. 1759-1769. Bylo postaveno ve stylu italsko-vídeňského klasicismu podle návrhů N. Pacassiho. Z předchozí doby byla do komplexu budov přejata pouze *Matyášova brána*, vybudovaná nejspíše G. M. Filippim r. 1614 podle vzoru manýristických pevnostních bran. *Rokokové mřížoví* uzavírající nádvoří z přední strany je zdobeno sochařskou výzdobou od I. F. Platzera.

THE FIRST CASTLE COURTYARD was constructed during the rebuilding of the castle under the reign of Maria Tereza in 1759-1769. It was built in an Italian Viennese neo-classicism following the design of N. Pacassi. Only the original *Matthew's Gate*, built most probably by G. M. Fillipi in 1614 according to the pattern of mannerist fortified gates, was absorbed into the complex of buildings. The *Roccoco lattice*, closing the courtyard from the front, is decorated by the statues of I. F. Platzer.

DER ERSTE BURGHOF entstand während der Theresianischen Umbauten in den Jahren 1759-1769. Er wurde nach Entwürfen N. Pacassis im Stil des italienisch-wienerischen Klassizismus erbaut. Aus der früheren Zeit wurde in dem Gebäudekomplex nur das *Mathiastor* übernommen, vermutlich von G. M. Filippi 1614 nach dem Muster manieristischer Festungstore errichtet. Das den Hof von vorne abschließende *Rokokogitter* ist mit I. F. Platzers Statuen geschmückt.

LA PREMIÈRE COUR DU CHÂTEAU est née pendant les transformation du Château à l'époque de Marie-Thérèse en 1759-1769. C'est une construction du style classique italo-viennois d'après les projets de N. Pacassi. Il n'y a que la *porte Mathias* qui subsiste de l'époque antérieure; elle a été construite probablement par G. M. Filippi en 1614 d'après le modèle des portes des forteresses maniéristes. La *grille rococo* fermant l'entrée est décorée de sculptures de I. F. Platzer.

r. 1605

r. 1720

19

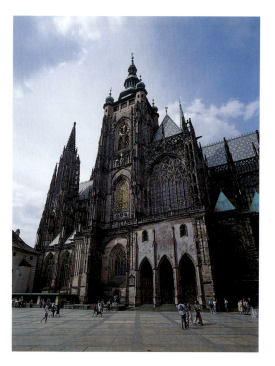

7. Jen těžko si lze představit pražské panorama bez siluety chrámu sv. Víta. Vznosnou gotickou katedrálu ve francouzském stylu dal budovat český král a římský císař Karel IV. při příležitosti povýšení pražského biskupství na arcibiskupství r. 1344. Nový katedrální chrám nahradil starší románskou baziliku stojící na tomto místě uprostřed Hradu od konce 12. století a měl být celé zemi, celé říši, ba všemu křesťanstvu zdaleka viditelným znamením císařovy hlavní rezidence. Stočena svou hlavní věží k ose města, jak ji ztvárňoval kamenný most, položila stavba chrámu základ k onomu neopakovatelnému panoramatu města nad Vltavou.

7. It is hard to imagine the Prague panorama without the silhouette of the St. Vitus cathedral. The lofty gothic cathedral in a French style was built on the occasion of the transformation of the Prague bishopric into archbishopric in 1344 under the Czech king and Holy Roman Emperor Charles IV. The new cathedral replaced the older Romanesque basilica occupying its place in the middle of the castle from the end of the 12th century. It was to symbolise the Emperor's main residence, and to be visible to all of Christendom and empire. The construction of the cathedral laid the basis for the inimitable panorama of the town above the Vltava by its main tower directed toward the axis of the town, as formed by the stone bridge.

7. Man kann sich das Prager Panorama ohne Silhouette des St. Veits-Doms kaum vorstellen. Diese hochstrebende gotische Kathedrale im französischen Stil ließ der böhmische König und römische Kaiser Karl IV. erbauen, als das Prager Bistum 1344 zum Erzbistum erhoben wurde. Die neue Kirche ersetzte die ältere, an dieser Stelle inmitten der Burganlage seit Ende des 12. Jh. stehende, romanische Basilika. Sie sollte für das ganze Land und Reich, sogar für alle Christen ein sichtbares Zeichen der kaiserlichen Residenz werden. Mit seinem Hauptturm, zu der, durch die Karlsbrücke gebildeten Stadtachse gewendet, legte das Domgebäude den Grundstein für das unwiederholbare Panorama der Stadt an der Moldau.

7. On ne saurait plus imaginer le panorama de Prague sans la silhouette de la cathédrale Saint-Guy. C'est Charles IV, roi de Bohême et empereur du Saint-Empire romain germanique, qui a fait construire cette cathédrale gothique élancée à l'occasion de la promotion de l'évêché au rang d'archevêché en 1344. La nouvelle cathédrale a remplacé une basilique romane qui se trouvait au milieu du château depuis la fin du XIIᵉ siècle. Elle était destinée à être - pour tout le pays, tout l'empire, même toute la chrétienté - un signe, de loin visible, de l'importance de la résidence principale de l'empereur. Avec sa tour principale donnant sur l'axe de la ville - le pont en pierre - l' édification de la cathédrale a créé le panorama unique de la ville aux bords de la Vltava.

CHRÁM SV. VÍTA, jedno z vrcholných děl české gotiky, byl s přestávkami stavěn v l. 1344-1929. Původní projekt Matyáše z Arrasu, jenž vedl stavbu do r. 1352, upravil Petr Parléř, který dal chrámu jeho celkovou dispozici (1356-1399); novodobou dostavbu chrámu řídil nejprve J. Mocker (1873-1899) a poté K. Hilbert (1899-1929).

THE ST. VITUS CATHEDRAL, one of the supreme works of Czech Gothic was built, with many interruptions, from 1344 to 1929. The original design of Matthew of Arras, who led the construction until 1352, was ammended by Petr Parler, who gave to the cathedral its distinctive shape (1356-1399); The modern completion of the cathedral was led by J. Mocker (1873-1899) and later by K. Hilbert (1899-1929).

DER ST. VEITS-DOM, eines der bedeutendsten Werke der böhmischen Gotik, wurde, mit Unterbrechungen, in den Jahren 1344-1929 erbaut. Das ursprüngliche Projekt Mathias' von Arras, der den Bau bis 1352 geleitet hatte, korrigierte Peter Parler, der dadurch die Gesamtkonzeption der Kirche prägte (1356-1399); die neuzeitliche Bauvollendung leitete zuerst J. Mocker (1873-1899), später K. Hilbert (1899-1929).

LA CATHÉDRALE SAINT-GUY, une des oeuvres magistrale du gothique tchèque, a été construite, par intermittence, de 1344 à 1929. Le projet originel de Mathieu d'Arras, qui dirigeait la construction jusqu'à 1352, a été modifié par Petr Parléř, l'auteur de la disposition générale de la cathédrale (1356-1399). La cathédrale a été achévée sous la direction de J. Mocker (1873-1899) et puis de K. Hilbert (1899-1929).

r. 1792

kolem r. 1830

I. pol. 19. stol.

8. Bohatá a složitá symbolika katedrály sv. Víta se nejplněji odhaluje ve výzdobě i funkci kaple sv. Václava. Je vybudována nad hrobem tohoto podle středověkého pojetí věčného panovníka české země a jejího patrona, jemuž také Karel IV. zasvětil českou královskou korunu. Z kaple také vede jediný vchod do pokladnice, v níž jsou uloženy české korunovační klenoty. Dva pásy maleb nad obkladem spodní části stěn tvořeným 1345 ametysty a jaspisy zobrazují pašijový příběh a výjevy ze života sv. Václava.

8. The rich and complex symbolism of the St. Vitus cathedral is fully revealed in the decoration as well as the function of St. Wenceslaus. It is built over the tomb of the eternal ruler of the Czech lands and their

patron saint, as conceived in the Middle Ages, to whom Charles IV consecrated the Czech royal crown. The only entrance to the jewel house where the Czech crown jewels are kept leads from the chapel. Two rows of paintings above the facing of the lower part of the walls consist of 1345 amathysts and jaspers, depicting the Passion and pictures from the life of St. Wenceslaus.

8. Die reiche und komplizierte Symbolik der St. Veits-Kathedrale zeigt sich vor allem in der Ausschmückung und Funktion der St. Wenzels-Kapelle. Sie ist über dem Grab dieses, der mittelalterlichen Auffassung nach, ewigen Herrschers und Schutzheiligen Böhmens erbaut, dem auch Karl IV. die böhmische Königskrone einweihte. Aus der Kapelle führt der einzige Eingang in die Schatzkammer, in der die böhmischen Krönungskleinodien aufbewahrt werden. Zwei Gemäldereihen über der Verkleidung des unteren Teils der Wände, die aus 1345 Ametysten und Jaspisen bestehen, stellen die Leidensgeschichte Christi und Szenen aus dem Leben des heiligen Wenzels dar.

8. La symbolique, riche et compliquée, de la cathédrale Saint-Guy se révèle pleinement par la décoration et la fonction de la chapelle Saint-Venceslas. Elle est construite au-dessus de la tombe de ce prince - conçu au Moyen âge comme le prince et le patron de la Bohême éternel. De la chapelle, on entre dans la trésorerie qui abrite les joyaux de la couronne. Deux bandes de peintures au-dessus du revêtement du bas des murs - une composition de l 345 améthystes et jaspes - représentent la Passion et des scènes de la vie de Saint-Venceslas.

KAPLE SV. VÁCLAVA byla vybudována zprvu jako volně stojící stavba Matyášem z Arrasu a do dnešní podoby dostavěna P. Parléřem v l. 1362-1364. *Pašijový cyklus* od neznámého malíře pochází z let 1372-1373; *svatováclavský cyklus* je dílem tzv. Mistra litoměřického oltáře z l. 1506-1509. *Náhrobek sv. Václava* pochází ze 14. stol. a v l. 1912-1913 byl upraven arch. K. Hilbertem. *Světcova socha* je pravděpodobně dílem Jindřicha Parléře z r. 1373.

THE ST. WENCESLAUS CHAPEL was first built as an isolated unit by Matthew from Arras and completed by Petr Parler in 1362-1364. The *Passion cycle*, by an unknown painter, comes from 1372-1373. The *St. Wenceslaus cycle* is a work by the so-called Master of the Litoměřice Altar in 1506-1509. The *tombstone of St. Wenceslaus* comes from the 14th century and was ammended by the architect K. Hilbert in 1912-1913. The *statue of Svetus* is probably the work of Jindřich Parler in 1373.

DIE ST. WENZELS-KAPELLE wurde zuerst als frei stehender Bau von Mathias von Arras errichtet. Die heutige Form erhielt sie von Peter Parler 1362-1364. Der *Passionszyklus* eines unbekannten Malers stammt aus d. J. 1372-1373; der *St. Wenzels-Zyklus* ist ein Werk des sog. Meisters des Leitmeritzer Altars aus d. J. 1506-1509. Der *Grabstein des hl. Wenzels* ist aus dem 14. Jh., 1912-1913 wurde er vom Arch. K. Hilbert behandelt. Der Bildhauer der *Statue des Heiligen* (1373) soll Heinrich Parler gewesen sein.

LA CHAPELLE SAINT-VENCESLAS d'abord une construction à part, a été construite par Mathieu d'Arras. La forme actuelle est l'oeuvre de Petr Parléř de 1362 à 1364. L'auteur du *cycle de la Pasion*, datant de 1372 à 1373, est d'un peintre inconnu; l'auteur des *scènes de la vie de Saint-Venceslas*, datant de 1506 à 1509, est le Maître de l'autel de Litoměřice. Le *tombeau de Saint-Venceslas* date du XIVᵉ siècle et a été modifié par K. Hilbert en 1912-1913. La *statue du saint*, de 1373, est probablement l'oeuvre de Henri Parler.

r. 1681

9. Barokní pompéznost náhrobku sv. Jana Nepomuckého ostře kontrastuje s přemnohými sochami českého světce roztroušenými po mnoha českých - a nejen českých - vsích a městech. Pravzorem všech byla Janova prostá socha z Karlova mostu. Svatojanský kult hluboce poznamenal českou kulturu 18. a 19. století a stal se její příznačnou součástí, stejně jako byl naopak později chápán jako symbol tmářství a národního i náboženského útlaku. Janovo svatořečení roku 1729, uskutečněné až po dlouhých průtazích, bylo jak výrazem úcty k domnělému mučedníku zpovědního tajemství, tak i příležitostí k okázalým slavnostem, jejichž odrazem je i monumentální dílo barokního sochařství a kovotepectví ukrývající ostatky sv. Jana.

9. The Baroque pomp of the tombstone of St. John of Nepomuk stands in sharp contrast to many statues of the Czech saint scattered around many Czech, and not only Czech, villages and towns. The original model for all of these statues was statue of St. John from Charles Bridge. The cult of St. John deeply influenced the Czech culture of the 18th and 19th centuries and became its characteristic element. Later, however, it was understood as a symbol of darkness and of national and religious suppression. St. John of Nepomuk was canonized in 1729 after long deliberations, as an expression of the respect to the martyr of confessional secrets and also as an opportunity for luxurious celebrations. These are also reflected by the monumental work or Baroque architecture and metal chiselling which preserve the remains of St. John.

9. Der barocke Prunk des Grabmals des heiligen Johannes von Nepomuk steht im Gegensatz zu vielen anderen, in manchen, nicht nur tschechischen Dörfern und Städten verstreuten Statuen dieses tschechischen Heiligen. Ihr Muster war die einfache Johannes-Statue der Karlsbrücke. Die böhmische Kultur des 18. und 19. Jh. wurde vom Johanneskult tief beeinflußt, der zu ihrem charakteristischen Bestandteil wurde, später aber wurde er im Gegenteil, als Symbol des Obskurantismus und der nationalen und religiösen Unterdrückung verstanden. Johannes' Heiligsprechung erst nach langem Verzögern

im Jahre 1729 realisiert, drückte Ehre zum Märtyrer des Beichtgeheimnisses aus und wurde auch zur Gelegenheit für pompöse Feierlichkeiten, deren Folge auch das monumentale Werk der barocken Bildhauerei und Metallschlägerei ist, in dem St. Johannes-Reliquien aufbewahrt sind.

9. La somptuosité du tombeau de Saint-Jean Népomucène contraste nettement avec les très nombreuses statues de ce saint tchèque dans les villages et villes en Bohême - et pas seulement en Bohême. Le prototype en était une statute simple sur le pont Charles. Le culte de ce saint a profondément marqué la culture tchèque au XVIIIe et XIXe siècle et en est devenu une partie caractéristique. Plus tard, au contraire, on l'a interprété comme symbole d'obscurantisme et oppression nationale et religieuse. La canonisation de Jean Népomucène en 1729 - après avoir été longtemps atermoyée - a confirmé le respect envers ce martyr du secret de la confession. C'était aussi une occasion de fêtes fastueuses. Le même faste apparaît sur le tombeau de saint, cette oeuvre monumentale d'une grande richesse de sculptures et martelage de métaux.

NÁHROBEK SV. JANA NEPOMUCKÉHO byl vytvořen v l. 1733-1736 podle návrhu J. E. Fischera z Erlachu vídeňským zlatníkem J. Würthem z 1400 kg stříbra. Vázy a sochy na mramorovém zábradlí vytvořili r. 1746 zlatníci J. a W. Seitzové. Baldachýn nesou čtyři stříbrní andělé od I. Nováka podle návrhu I. F. Platzera z r. 1771.

THE TOMBSTONE OF ST. JOHN OF NEPOMUK was created in 1733-1736, designed by J. E. Fischer of Erlach and constructed by the Viennese goldsmith J. Würth from 1400 kg of silver. The vases and statues on the marble bannister are the work of goldsmiths J. and W. Seitz in 1746. The canopy, is carried by four silver angels, made by I. Novák and designed by E. F. Platzer in 1771.

DAS GRABMAL DES HEILIGEN JOHANNES VON NEPOMUK wurde vom Wiener Goldschmied J. Würth nach dem Entwurf J. E. Fischers von Erlach in d. J. 1733-1736 errichtet, u. z. aus 1400 kg Silber. Vasen und Statuen auf dem Marmorgelände schufen Goldschmiede J. und W. Seitz 1746. Baldachin wird von vier silbernen Engeln getragen (Autor I. Novák, Entwurf von I. F. Platzer 1771).

LE TOMBEAU DE SAINT JEAN NÉPOMUCÈNE date de 1733 à 1736. Projeté par J. E. Fischer d'Erlach, il a été réalisé, avec 1400 kg d'argent, par J. Würth, orfèvre viennois. Les vases et statues sur la balustrade en marbre sont oeuvres des orfèvres J. et W. Seitz, de 1746. Quatres anges en argent, oeuvre de I. Novák d'après le projet de I. F. Platzer, de 1771, portent un baldaquin.

l. 1692-94

l. 1721-25

10. Největší světská gotická prostora střední Evropy dodnes vzbuzuje obdiv. Sál vybudovaný za krále Vladislava Jagellonského a zvaný proto Vladislavský, byl ve své dlouhé historii dějištěm trhů i rytířských turnajů, místem konání zemských sněmů i korunovačních slavností, výstav a koncertů. První ze slavnostních sálů Pražského hradu byl i tradičním místem voleb československých prezidentů. Vedle 62 metrů dlouhého, 16 metrů širokého a 13 metrů vysokého sálu je soustředěno několik dalších gotických místností vzniklých při přestavbě Hradu ke konci 15. století, kdy se po téměř jednom století měl Hrad znovu stát trvale obývanou panovnickou rezidencí.

10. The largest secular gothic room in middle Europe induces admiration even today. The hall, built under the rule of Vladislav Jagellonský, and therefore called Vladislavský Hall, was, during its long history, a marketplace as well as the site of knight tournaments, of national assemblies and coronation celebrations, of exhibitions and concerts. The most important of the ceremonial halls of the Prague castle was also the traditional place for the Czechoslovak presidental elections. There are several other gothic rooms neighbouring the 62m long, 16m wide, and 13m high hall. They originated during the rebuilding of the castle at the end of the 15th century when the castle should become the personal residence of the rulers.

10. Der größte gotische Profanbau Mitteleuropas erregt bis heute Bewunderung. Der während der Regierung des Königs Vladislav Jagello erbaute Saal, deshalb auch Vladislavsaal genannt, wurde zum Schauplatz von Ritterturnieren und Messen, hier fanden Landtage und Krönungsfeste, Ausstellungen und Konzerte statt. Der erste der Repräsentationsräume der Prager Burg war ein traditioneller Ort für die Wahlen der tschechoslowakischen Präsidenten. Neben dem 62 m langen, 16 m breiten und 13 m hohen Saal befinden sich auch weitere, während des Burgumbaus Ende des 15. Jh. entstandene gotische Räume. Damals sollte die Burg fast nach hundert Jahren wieder zum ständigen Herrschersitz werden.

10. Aujourd'hui encore, le plus grand espace gothique de l'Europe centrale suscite l'admiration. La salle de l'époque du roi Ladislas Jagellon - par conséquent appelée sale Ladislas - était, au cours de sa longue histoire, la scène de marchés de même que de tournois des chevaliers, de réunions des Etats généraux et de cérémonies de couronnement, d'expositions et de concerts. La salle la plus solennelle du Château de Prague était aussi le lieu traditionnel des élections des présidents tchécoslovaques. A côté

de cette salle de 62 m de long, 16 m de large et haute de 13 m, plusieurs autres pièces gothiques existent, aménagés pendant les transformations du Château vers la fin du XVᵉ siècle, où le Château est redevenu résidence permanente des monarques.

VLADISLAVSKÝ SÁL, postavený podle projektu B. Rieda z Pístova v l. 1492-1502 ve stylu pozdní gotiky, je zaklenut odvážnou hvězdovou klenbou a jeho okna jsou jedním z prvních projevů renesanční architektury v Čechách.

THE VLADISLAVSKÝ HALL, designed by B. Ried of Pistov in 1492-1502 in the late Gothic style is vaulted by a daring star-shaped wall arrangement and its windows belong among the first instances of Renaissance architecture in Bohemia.

Der spätgotische, nach dem Entwurf B. Rieds von Pistov in d. J. 1492-1502 erbaute **VLADI-SLAVSAAL** hat ein kühnes Sterngewölbe, und seine Fenster gehören zu den ersten Ausdrücken der Renaissancearchitektur in Böhmen.

LA SALLE LADISLAS, construite d'après le projet de B. Ried de Pístov en 1492-1502, chef-d'oeuvre du gothique flamboyant, avec une voûte hardie en forme d'étoiles. Les fenêtres laissent voir l'influence de l'architecture Renaissance.

r. 1607

r. 1935

r. 1792

11. Druhý z velkých slavnostních sálů Pražského hradu získal svoji konečnou podobu až v polovině minulého století, kdy byl upraven pro zamýšlenou, ale nikdy neuskutečněnou korunovaci rakouského císaře Františka Josefa I. českým králem. Tato pseudobarokní úprava dotvořila interiér sálu, který vznikl na počátku 17. století a byl potom několikrát přestavován. Návštěvníkům Hradu se sál znovu otevřel po mnoha letech až roku 1990, aby vedle slavnostních shromáždění sloužil i pro koncerty a další kulturní aktivity pořádané Kanceláří prezidenta České republiky.

11. The second of the large ceremonial halls acquired its final shape mid-way through the last century, when it was ammended for the intended but never realised coronation of the Austrian monarch Franz Joseph I as the new Czech king. This pseudo-Baroque adjustment completed the interior of the hall which originated at the beginning of the 17th century and has been rebuilt several times since then. The hall was opened to the public after many years in 1990, and is used for ceremonial assemblies as well as for a concert hall for the Oficce of President of Czech Republic cultural activities.

11. Der zweite von den großen Festsälen der Prager Burg erhielt seine endgültige Form erst in der Mitte des vorigen Jahrhunderts, als er für die geplante, aber nie realisierte Krönung des österreichischen Kaisers Franz Josef I. zum tschechischen König hergerichtet wurde. Diese pseudobarocke Umgestaltung vollendete das Interieur des am Anfang des 17. Jh. entstandenen und dann mehrmals umgebauten Saals. Für Burgbesucher wurde er nach vielen Jahren erst 1990 neueröffnet, um außer feierlicher Anlässe auch anderen, von der Präsidentenkanzlei organisierten Kulturveranstaltungen dienen zu können.

11. La deuxième des grandes salles solennelles du Château n'a son aspect définitif que depuis la moitié du siècle passé, où elle a été prévue pour le couronnement de l'empereur d'Autriche François-Joseph Ier qui devait y être couronné roi de Bohême (projet jamais réalisé). L'adaptation pseudobaroque a changé l'intérieur de la salle datant du début du XVIIe siècle et plusieurs fois reconstruite après. Depuis 1990, au bout de nombreuses années, cette salle est ouverte aux visiteurs du Château; elle sert de salle de réunions solennelles et de concerts et d'autres activités culturelles organisées par le Bureau du Président de la République.

NOVÝ, od konce 17. stol. nazývaný **ŠPANĚLSKÝ, SÁL** o rozměrech 48×26 m navrhl arch. G. M. Filippi a v l. 1604-1606 jej za účasti dalších umělců postavil spolu s M. Gambarinim. V l. 1748-1749 sál znovu přestavěl jeden z největších českých barokních architektů K. I. Dienzenhofer a další stavební zásahy provedl o několik let později N. Pacassi. R. 1769 byla okna na jižní straně zazděna, r. 1836 zakryta zrcadly. Alegorické sochy Vědy, Obchodu, Průmyslu a Umění A. P. de Vigneho byly do sálu umístěny při jeho poslední větší úpravě v l. 1865-1868. Celkovou restaurací prošel sál v l. 1972-1976.

THE NEW HALL, since the end of the 17th century known as the **SPANISH HALL**, is 48m long and 26m wide, and was designed by the architect G. M. Filippi and built in 1604-1606 by M. Gambarini. In 1748-1749, the hall was rebuilt by one of the greatest Czech Baroque architects, K. I. Dienzenhofer. Further adjustments were carried out a few years later by N. Pacassi. The windows on the southern wall which had been bricked up in 1769, were covered by mirrors in 1836. The allegorical statues of Science, Business, Industry and Art, by A. P. de Vigne, were placed in the hall during its last greatest ammendment, in 1865-1868. The hall underwent complete restoration in 1972-1976.

DEN NEUEN, seit Ende des 17. Jh sogenannten **SPANISCHEN SAAL** (48×26 m) entwarf der Architekt G. M. Filippi. Gebaut wurde er 1604-1606 von M. Gambarini und anderen Künstlern. In d. J. 1748-1749 wurde er von einem der größten böhmischen Barockarchitekten K. I. Dienzenhofer wieder umgebaut, andere Baueingriffe wurden einige Jahre später von N. Paccassi durchgeführt. 1836 wurden die im Jahre 1769 eingemauerten Fenster auf der Südseite mit Spiegeln bedeckt. Allegorische Statuen - Wissenschaft, Handel, Industrie und Kunst - von A. P. Vigne - wurden im Saal während der letzten größeren Umgestaltung, in den Jahren 1865-1868, untergebracht. 1972-1976 kam es zu einer Gesamtrestaurierung.

LA SALLE NOUVELLE à partir de la fin du XVIIe siècle appelée **ESPAGNOLE**, aux dimensions 48 m × 26 m, a été projetée et construite de 1604 à 1606 par G. M. Filippi en collaboration avec M. Gambarini et d'autres artistes. Un des plus grands architectes tchèques du baroque K. I. Dienzenhofer a reconstruit la salle de 1748 à 1749 et plusieurs années plus tard, N. Pacassi a apporté encore des changements. Les fenêtres de la façade sud, murées en 1769, ont été recouvertes par des miroirs en 1836. Des statues allégoriques - Science, Commerce, Industrie, Art - de A. P. Vigne ont été installées lors de l'adaptation de 1865 à 1868. Une restauration générale a eu lieu de 1972 à 1976.

r. 1620

12. Kdo by neuvěřil, že v těchto miniaturních domcích přilepených k hradební zdi bydleli Rudolfovi alchymisté vyrábějící pro podivínského císaře zlato a kámen mudrců? Romantická vize je ale pouhou legendou, pravdivou snad jen potud, že tu bydlívali Rudolfovi zlatotepci. Ale kromě nich také hradní střelci. Zlatá ulička je dodnes jedinou zachovanou ukázkou tak zvané parazitní zástavby Pražského hradu, která samovolně vznikala třeba i mezi vnějšími opěrnými pilíři svatovítské katedrály. Pro naše století je však i tento historicky skutečný původ uličky sdostatek romantický; bizarní domečky přilákaly mnoho umělců a bydlel tu jistý čas i Franz Kafka.

12. It is difficult not to believe that Rudolf's alchemists actually lived in these miniature houses pinned against the castle walls, there producing gold and wisdom stones for his unusual emperor, but this be the stuff of romantic legends, for only Rudolf's goldsmiths and castle riflemen lived there. The Golden Lane is the only preserved sample of the so-called parasitical constructions of the Prague castle, which originated on its own, even between the exterior supporting pillars of St. Vitus cathedral. Our century finds even this historically true origin of the Lane romantic enough. The bizarre little houses attracted many artists, among them Franz Kafka for a certain period.

12. Wer möchte nicht glauben, daß in diesen, sich an die Befestigungsmauer anschmiegenden Miniaturhäuschen, Rudolfs Alchimisten, die für ihren sonderlichen Kaiser Gold und den Stein der Weisen herstellten, gewohnt hatten; Die romantische Sage ist aber bloß eine Legende, nur in der Hinsicht wahrhaftig, daß hier Rudolfs Goldschmiede wohnten. Außerdem aber auch Burgschützen. Das Goldene Gäßchen ist das einzige, bis heute erhaltene Beispiel des sog. parasitischen Verbauens der Prager Burg, das z. B. auch zwischen den Stützpfeilern der St. Veits-Kathedrale willkürlich entstand. Für unser Jahrhundert ist dieser wirklich reale Ursprung des Gäßchens trotzdem romantisch; die bizzaren Häuschen lockten viele Künstler an, eine gewisse Zeit wohnte hier auch Franz Kafka.

12. On aimerait croire que c'étaient les alchimistes de Rodolphe II qui habitaient dans ces maisonnettes minuscules collées au mur des remparts et qui fabriquaient de l'or et la pierre philosophale pour

cet empereur extravagant. Cette idée romantique n'est pourtant qu'une légende - avec un grain de vérité: y habitaient les batteurs d'or de Rodolphe. Mais aussi les tireurs de la garde de Château. La „ruelle d'or" est le seul exemple - jusqu'à nos jours en bon état - d'habitations „parasites" près du Château; des habitations pareilles, naissant spontanément, existaient même entre les piliers boutants extérieurs de la cathédrale Saint Guy. Au vingtième siècle, même cette origine de la ruelle est assez romantique et ces maisonnettes bizarres ont attiré beaucoup d'artistes; même Franz Kafka y habitait pendant quelque temps.

ZLATÁ ULIČKA byla postavena v 16. stol., z něhož jsou také její domky. V l. 1952-1955 byla obnovena podle výtvarného návrhu J. Trnky.

THE GOLDEN LANE was built in the 16th century, as were the miniature houses. In 1952-1955, it was renovated following the designs of J. Trnka.

DAS GOLDENE GÄßCHEN entstand mit seinen Häuschen im 16. Jh. In den Jahren 1952-1955 wurde es nach J. Trnkas Entwurf erneuert.

LA RUELLE D'OR a été construite au XVIe siècle, de même que ses maisons. De 1952 à 1955, elle a été restaurée d'après un projet de J. Trnka.

poč. 20. stol.

31

13. Z rampy Pražského hradu se nabízí jakýsi protipohled hradčanskému panoramatu od Karlova mostu. Odtud se monumentalita malostranských domů a paláců proměňuje v mozaiku různorodých ploшек střech, komínů, oken a fasád, z nichž jen občas vyčnívají věže kostelů. Při tomto pohledu leží město v mělkém vltavském údolí, jehož obrysy jsou zvýrazněny moderní architekturou nových pražských čtvrtí.

13. From the „platform" on which the Prague castle lies, the familar Prague panorama is seen from reverse, i. e. toward the town and Charles Bridge. From this location, the monumental greatness of the Lesser Town houses and palaces changes into the mosaic of varied facets of roofs, chimneys, windows, and facades, from which church towers occasionally protrude. From this view, the whole town seems to lie in the shallow valley of the Vltava, whose meanders are emphasized by the modern architecture of newer Prague districts.

13. Von der Rampe der Prager Burg aus bietet sich uns ein Ausblick an, der das Gegenstück zum Hradschiner Panorama bildet. Von hier wird die Monumentalität der Kleinseitner Häuser und Paläste in ein Mosaik von verschiedenartigen Flächen, Dächern, Schornsteinen, Fenstern und Fassaden umgewandelt, aus dem ab und zu Kirchentürme emporsteigen. Bei diesem Blick liegt die Stadt im flachen Moldautal, dessen Konturen von moderner Architektur der neuen Prager Stadtviertel deutlicher werden.

13. De la rampe du Château s'offre un panorama du côté opposé à celui de Hradčany vu du pont Charles. De là, on ne voit pas les maisons et les palais monumentaux de Malá Strana; de là, c'est une mosaïque de petites surfaces hétérogènes formées de toits, cheminées, fenêtres et façades d'où s'élèvent, ici et là, les clochers des églises. On voit la ville située dans la vallée peu profonde de la Vltava. Ses limites sont accentuées par l'architecture moderne des nouveaux quartiers de Prague.

HRADNÍ RAMPA byla vylámána do příkré skály v l. 1638-1644 podle návrhu G. Matteiho. Na jejím kamenném zábradlí jsou sochy P. Marie Einsiedelnské z konce 17. stol. a sv. Václava od Č. Vosmíka z r. 1906. Stojí na barokním soklu pocházejícím ze sousoší sv. Václava z Karlova mostu, přeneseného sem r. 1791.

THE CASTLE PLATFORM was quarried from the vertical rockface in 1638-1644, following the plan of G. Mattei. On its stone balustrade stand the statues of the Virgin Mary of Einsiedeln from the end of the 17th century, and of St. Wenceslaus by Č. Vosmík in 1906. They stand on a Baroque pedestal, and were originally the part of the sculptural group of St. Wenceslaus on the Charles Bridge, transplanted here in 1791.

DIE BURGRAMPE wurde in einen steilen Felsen eingeschlagen, u. z. nach dem Entwurf von G. Mattei in d. J. 1638-1644. Auf ihrem steinernen Geländer befinden sich Statuen der Heiligen Jungfrau von Neusiedeln (Ende des 17. Jh.) und des heiligen Wenzels von Č. Vosmík (1906). Sie stehen auf einem barocken Sockel, der zu der Statuengruppe des hl. Wenzels aus der Karlsbrücke gehörte. Hierher wurde er 1791 gebracht.

LA RAMPE DU CHÂTEAU a été percée dans un rocher abrupt de 1638 à 1644 d'après un projet de G. Mattei. Sur sa balustrade en pierre se trouvent deux statues: celle de la Vierge d'Einsiedeln datant de la fin du XVIIᵉ siècle et celle de Saint-Venceslas par Č. Vosmík, de 1906. Cette statue est érigée sur un socle provenant d'un groupe de sculptures transporté du pont Charles en 1791.

r. 1562

33

14. Díky své poloze na příkrém ostrohu, chráněném navíc od jihu městem, nepotřeboval Pražský hrad nikdy zvlášť mohutné opevnění. Dnes jej připomínají pouhé čtyři věže. A jak Hrad ztrácel svůj pevnostní charakter, začínal být obklopován téměř souvislým pásem zahrad. Na jeho jižní straně vznikala od 16. století řada zahrad, jež jsou v současné době postupně renovovány a zpřístupňovány veřejnosti. Lákají k odpočinku a k novým pohledům na město i k půvabným průhledům na malé dvorky a nevelké zahrádky malostranských domků.

14. Thanks to its location on the steep headland, protected from the south by the town, the Prague castle has never needed especially strong defences, and only four towers serve to remind us of this fact. As the castle had been losing its fortified nature, it began to be surrounded by an almost continuous ring of gardens. On its southern side, maintained ever since the 16th century, there is a row of gardens open to the public. They invite one to relax and admire this new and enchanting view of the town and of its small back yards and little gardens around the Lesser Town houses.

14. Dank ihrer Lage auf einem steilen Felsenvorsprung, vom Süden noch von der Stadt geschützt, brauchte die Prager Burg eigentlich nie eine besonders mächtige Befestigung. Heute erinnern nur vier Türme daran. Während die Burg ihren Festungscharakter verlor, begann sie, mit einem fast zusammenhängenden Streifen von Gärten umgeben zu werden. Auf der Südseite entstand seit dem 16. Jh. eine Reihe von Gärten, die zur Zeit nacheinander renoviert und für die Öffentlichkeit zugänglich gemacht werden. Sie locken zum Ausruhen, zu neuen Aussichten auf die Stadt, sowie zu schönen Blicken in kleine Hinterhöfe und Gärten der Kleinseitner Häuser.

14. Situé sur un éperon abrupt et protégé du côté sud par la ville, le Château de Prague n'avait jamais eu besoin de très grandes fortifications. De nos jours, quatre tours seulement les rappellent. A mesure que le Château perdait son caractère de forteresse, une ceinture presque continue de jardins commençait à l'entourer, à partir du XVIe siècle. A présent, elles sont, l'une après l'autre, rénovées et seront accessibles au public. Elles invitent au repos et offrent de nouvelles vues sur la ville et des échappées de vue charmantes sur les petites cours et les jardinets des maisons de Malá Strana.

RAJSKÁ ZAHRADA Pražského hradu byla zřízena za vlády Rudolfa II. Novou podobu jí, stejně jako ostatním hradním zahradám na této straně Hradu, dal ve dvacátých letech našeho století hlavní hradní architekt J. Plečnik. Dnes jsou znovu upravovány do podoby, kterou jim dal on.

THE GARDEN OF PARADISE of the Prague Castle was created under the reign of Rudolf II. A new shape was given to it as well as to other castle gardens on this side of the castle by the main castle architect, J. Plečnik, in the 1920s. Today, they have been remodelled back into his original conception.

DER PARADIESGARTEN, zur Prager Burg gehörend, wurde während der Regierung Rudolfs II. errichtet. Eine neue Form erhielt er, genau wie die anderen Gärten auf dieser Seite der Burg, vom Hauptschloßarchitekten J. Plečnik in den zwanziger Jahren unseres Jahrhunderts. Heute werden sie wieder in seiner Form renoviert.

LE JARDIN DE PARADIS du Château a été aménagé sous le règne de Rodolphe II. Dans les années vingt du XXᵉ siècle l'architecte de Château J. Plečnik lui a donné une nouvelle apparence, de même qu'aux autres jardins de ce côté du Château. C'est d'après sa conception qu'elles sont réaménagés de nos jours.

30. léta 20. stol.

15. Od východního cípu Hradu vedou dolů na Klárov druhé zámecké schody. Nejsou slavnostní, ale o to romantičtější; nevysokými zdmi uzavřeny mezi zahrady si zachovávají alespoň něco z charakteru stezky vedoucí tudy původně k východní bráně Hradu. Neváže se k nim nic pozoruhodného či významného; jsou jenom příjemným kouskem cesty na Hrad nebo z něho, zaplněným prodavači obrázků s pražskými motivy, šperky, upomínkovými předměty a pouličními hudebníky.

15. The second castle staircase leads from the eastern corner of the castle down to Klárov, and is not ceremonial but more intimate. It pierces the gardens and is enclosed by low walls, and as such retains some of the character of the original path leading this way to the eastern gate of the castle. Nothing of note is connected with it, being merely a pleasant route to the castle and lined with street musicians and vendors of postcards, jewels, and souvenirs.

15. Von der Ostspitze der Burg führt eine andere Schloßstiege auf Klárov hinunter. Sie ist zwar nicht feierlich, aber desto mehr romantisch; von nicht so hohen Mauern zwischen den Gärten angeschlossen behält sie wenigstens etwas vom Charakter des ursprünglichen Pfades, der hier zum Osttor der Burg geführt hatte. Nichts Bedeutendes oder Bemerkenswertes wird damit verbunden; es handelt sich bloß um einen angenehmen Weg auf die Burg hinauf, bzw. hinunter, der voll von Schmuck-, Souvenir- und Bilderhändlern, sowie Straßenmusikanten ist.

15. Du côté est du Château, il y a un autre escalier, il mène vers Klárov. Il n'est pas solennel, mais il est romantique: bordé par des jardins dont il est séparé par des murs pas très hauts, il rappelle un peu l'aspect de l'ancien sentier menant par là vers la porte est du Château. Rien de remarquable ou d'important n'y est lié; c'est tout simplement un bout de chemin agréable - plein de musiciens, de vendeurs exposant des images de Prague, des bijoux et des souvenirs.

STARÉ ZÁMECKÉ SCHODY byly založeny ve druhé pol. 17. stol. a novou úpravou prošly v letech 1835-1837.

THE OLD CASTLE STEPS were built in the second half of the 17th century and redone in 1835-1837.

DIE ALTE SCHLOßSTIEGE wurde in der zweiten Hälfte des 17. Jh. gegründet und 1835-1837 renoviert.

LE VIEUX ESCALIER DE CHÂTEAU a été fondé dans la deuxième moitié du XVIIᵉ siècle et remanié de 1835 à 1837.

asi 1600

I. pol. 19. stol.

16. Po Hradu druhý největší pražský palácový komplex stojí v přímém dohledu panovníkova sídla, jako by s ním chtěl soupeřit. A opravdu, palác s rozlehlou zahradou, salou terrenou a velkou jízdárnou si dal postavit jeden z nejmocnějších českých šlechticů 17. století Albrecht z Valdštejna. Frýdlantský vévoda, císařský generál ovládající třetinu českého území, si mohl vskutku dovolit takové gesto. Bohatá malířská a sochařská výzdoba paláce dokládá jak umění, tak i nádherymilovnost jinak drsného kondotiéra třicetileté války, jehož bezohledná cesta za mocí skončila jeho zavražděním v Chebu.

16. The second largest Praque palace complex after the castle itself is within sight of the rulers' seat as if wanting to compete with it. The palace, the large garden, the „sala terrena", the riding school were all built in the 17th century at the request of one of the leading Czech noblemen, Albrecht of Waldstein, Duke of Frýdlant, and imperial general, ruling over one third of the Czech lands, and one of the few who could afford such a gesture. The rich paintings and sculptures decorating the palace testify to this otherwise ruce condottiere's love of art and beauty, and hardly seem to corroborate his place on history a ruthless journey to power ending with his murder in Cheb.

16. Der nach der Burg zweitgrößte Prager Palastkomplex steht direkt im Blickfeld des Herrschersitzes, als ob er damit wetteifern möchte. Und wirklich, diesen Palast mit einem großen Garten, der Sala terrena und der Reitschule ließ sich einer der mächtigsten tschechischen Adeligen des 17. Jh. Albrecht von Waldstein erbauen. Herzog von Frýdlant, kaiserlicher General, der ein Drittel böhmischen Gebietes beherrschte, konnte sich so was wirklich leisten. Die reiche Maler- und Bildhauerausschmückung des Palastes bestätigt sowohl Liebe zur Kunst als auch die Prachtliebe des sonst harten Kondottieres des Dreißigjährigen Kriegs, dessen rücksichtsloser Weg zur Macht durch seine Ermordung in Cheb abgeschlossen wurde.

16. Un autre grand complexe de palais, par son importance le deuxième par rapport au Château, se trouve juste en vue de la résidence du souverain, comme s'il voulait rivaliser avec lui. En effet, ce palais avec un vaste jardin, une salla terrena et une grande salle de manège, appartenait à Albrecht Wallenstein, un des plus puissants gentilhommes du XVIIᵉ siècle. Ce général de l'empereur, duc de Frýdlant, qui dominait sur un tiers du territoire de la Bohême, pouvait vraiment se permettre un geste pareil.

Une riche décoration picturale et sculpturale témoigne de la passion de l'art et du faste de ce condottiere de la guerre de trente ans, si rude par ailleurs, qui, après son chemin brutal au pouvoir, finit par être assassiné à Cheb (Eger).

Raně barokní **VALDŠTEJNSKÝ PALÁC,** navržený arch. G. Pieronim na místě 23 domů, 3 zahrad a cihelny, byl O. Spezzou a M. Sebregondim postaven v l. 1624-1630.

The early Baroque **WALDSTEIN PALACE,** designed by the architect G. Pieroni on the site of 23 houses, 3 gardens and a brickworks, was built by O. Spezza and M. Sebregondi in 1624-1630.

Das frühbarocke **PALAIS WALDSTEIN** wurde vom Architekten G. Pieroni entworfen. Es wurde an einer Stelle von 23 Häusern, 3 Gärten und eines Ziegelwerks (1624-1630 von O. Spezza und M. Sebregondi) erbaut.

LE PALAIS WALLENSTEIN du style premier baroque, projeté par G. Pieroni, a été construit par O. Spezza et M. Sebregondi de 1624 à 1630 sur l'emplacement où s'étaient trouvés 23 maisons, 3 jardins et une briqueterie.

kolem r. 1750

17 Chrám sv. Mikuláše na Malé straně

18 Nerudova ulice

19 Loreta

20 Černínský palác

21 Nový svět

22 Strahovský klášter

23 Petřín

24 Kostel P.Marie Vítězné

25 Maltézské náměstí

26 Hroznová ulice

27 Kampa

17. Ve dvou věžích malostranského farního kostela se pražské baroko vzpíná k jednomu ze svých vrcholů. Chrám sv. Mikuláše, jeden z klenotů celého evropského barokního stavitelství, dotváří podobu historické Prahy. Citlivě zasazený doprostřed malostranského svahu uzavírá pohledový trojúhelník, jehož vrcholy jsou spolu s ním katedrála sv. Víta a Strahovský klášter. Mohutná měděná kupole spolu se štíhlou věží završují stavbu plnou dynamiky a iluzívnosti, nenechávající ani na chvíli spočinout oko na detailu, ale neustále jej nutící obzírat jednotlivosti v jejich celku.

17. The climax of the Prague Baroque is represented by the two towers of the Lesser Town Vicarage Church. The Saint Nicholas cathedral, one of the treasures of the whole of European Baroque architecture, completes the shape of historical Prague. It is set sensitively in the middle of the Lesser Town incline, and thus encloses the triangle of which the other two corners are the St. Vitus cathedral and the Strahov monastery. Its imposing copper cupola, together with its thin tower, lend to the construction its dynamics and elusiveness, which do not allow the visitor's eye to rest on a detail, but rather force it to see the entirety all at once.

17. Mit zwei Türmen der Kleinseitner Pfarrkirche zielt das Prager Barock zu einem seiner Höhepunkte. Die St. Niklas-Kirche, eines der Kleinode der ganzen europäischen Barockarchitektur, gibt dem historischen Prag seine endgültige Form. Mit Gefühl in die Mitte des Kleinseitner Hügels gestellt, schließt sie das Dreieck ab, dessen Punkte noch die St. Veits-Kathedrale und das Kloster Strahov sind. Ihre mächtige Kupferkuppel, zusammen mit dem schlanken Turm, vollenden den dynamischen Bau, der uns immer zwingt, sich die Details nicht einzeln, sondern in ihrem Ganzen anzusehen.

17. Les deux clochers de l'église paroissiale de Malá Strana, représentent l'apogée de l'art baroque de Prague. L'église Saint-Nicolas, un des joyaux de l'architecture baroque européenne, parfait l'aspect de la Prague historique. Son emplacement témoigne d'un sens artistique très fin: au milieu de la pente de Malá Strana, elle ferme le triangle imaginaire dont les autres sommets sont la cathédrale Saint-Guy et le monastère de Strahov. Sa magnifique coupole en cuivre et son clocher élancée parachèvent la construction pleine de dynamisme et d'effets illusionistes qui ne permettent pas de se perdre dans les détails, mais invitent sans cesse à embrasser le tout.

CHRÁM SV. MIKULÁŠE NA MALÉ STRANĚ byl postaven v l. 1704-1756 K. a K. I. Dienzenhofery a A. Luragem. Na jeho bohaté vnitřní výzdobě se podíleli význační barokní malíři a sochaři; autorem nástropní fresky Oslavení sv. Mikuláše v hlavní lodi je J. L. Kracker (1761), autory dalších fresek a obrazů pak jsou i K. Škréta, J. Kramolín a F. X. Balko. Ke kostelu se přimyká budova býv. *malostranské jezuitské koleje* od F. Carattiho, D. Orsiho a F. Luraga z druhé pol. 17. stol.

THE ST. NICHOLAS CATHEDRAL IN THE LESSER TOWN was built in 1704-1756 by K. and K. I. Dienzenhofer and A. Lurago. Its rich interior decoration was created by outstanding Baroque painters and sculptors; the author of the ceiling fresco „The Feast of St. Nicholas,, in the nave is J. L. Kracker (1761), the authors of the other frescos and pictures are K. Škréta, J. Kramolín and F. X. Balko. Next to the church stands the building of the former *Lesser Town Jesuit college*, built by F. Caratti, D. Orsi and F. Lurago from the second half of the 17th century.

DIE ST. NIKLAS-KIRCHE AUF DER KLEINSEITE wurde 1704-1756 von Ch. und K. I. Dienzenhofers und A. Lurago erbaut. An seiner reichen inneren Ausschmückung nahmen bedeutende Barockmaler und Bildhauer teil; Autor des Kuppelfreskos Verherrlichung des Heiligen Nikolaus ist J. L. Kracker (1761), Autoren der anderen Fresken und Bilder sind u. a. K. Škréta, J. Kramolín und F. X. Balko. Der Kirche schließt sich das Gebäude des ehemaligen *Kleinseitner Jesuitenkollegs* von F. Caratti, D. Orsi und F. Lurago, aus der zweiten Hälfte des 17. Jh., an.

L'ÉGLISE SAINT-NICOLAS DE MALÁ STRANA a été construite de 1704 à 1756 par K. et K. I. Dienzenhofer et de A. Lurago. Sa riche décoration intérieure est l'oeuvre de sculpteurs baroques remarquables; l'auteur de la fresque dans la coupole de la nef principale - Glorification de Saint-Nicolas - est J. L. Kracker (1761), les autres fresques et tableaux sont de K. Škréta, J. Kramolín et F. X. Balko. A côté de l'église se trouve l'ancien *collège des jésuites* de F. Caratti, D. Orsi et F. Lurago, de la deuxième moitié du XVIIe siècle.

r. 1680

43

18. Od Malostranského náměstí až k Hradní rampě vede hlavní z malostranských ulic, Nerudova. Její domy a paláce, stejně jako zástavba celé Malé Strany, nově vznikly po zničujícím požáru tohoto pražského města i Hradu r. 1541. Po něm mohlo na uvolněných plochách vyrůst residenční město, jehož život byl úzce spojen s královským dvorem. Po jeho odchodu z Prahy se život na Malé Straně pomalu měnil, až se stala čtvrtí drobných řemeslníků a obchodníků. I dnes lze z její ústřední ulice odbočit do romantických, křivolakých a strmých uliček Malé Strany, které stále ještě žijí starým, poklidným tempem.

18. The Lesser Town square is linked with the castle platform by the main street of the Lesser Town, Nerudova. Its houses and palaces, as well as all other buildings in the Lesser Town, were newly-built after destruction by fire in 1541. After the fire, a new residential town was able to grow in these areas, whose activities were closely connected with the king's court. After his departure from Prague, the life at the Lesser Town slowly changed, and eventually it became a quarter of smaller craftsmen and merchants. Even today, it is possible to turn off the main streets and into the romantic winding and steep alleyways of the Lesser Town which continue at an older and more peaceful pace.

18. Vom Kleinseitner Ring bis zur Burgrampe führt die Kleinseitner Hauptstraße - die Nerudova. Ihre Häuser, Paläste, sowie die anderen Gebäude der ganzen Kleinseite entstanden nach dem vernichtenden Feuer der Kleinseite und der Burg im Jahre 1541. Auf den freigemachten Flächen konnte eine Residenzstadt entstehen, deren Leben mit dem königlichen Hof eng verbunden wurde. Nach seinem Abgang aus Prag veränderte sich das Leben auf der Kleinseite allmählich, bis sie zum Stadtviertel kleiner Handwerker und Händler wurde. Auch heute kann man aus ihrer Hauptstraße in romantische, krumme Gassen abbiegen, die immer noch in ihrem alten, ruhigen Tempo leben.

18. De la place de Malá Strana jusqu'à la rampe du Château mène une des rues principales du quartier, la rue Neruda. Ses maisons et palais, de même que toutes les constructions de Malá Strana, ont été construits après un incendie ayant ravagé ce quartier et le Château en 1541. Sur l'espace dégagé pouvait naître un quartier résidentiel dont la vie était étroitement liée à la cour royale. Lorsque celle-

ci avait quitté Prague, la vie de Malá Strana a changé, en devenant un quartier de petits artisans et commerçants. De nos jours encore, si on abandonne la rue centrale, on peut suivre des ruelles romantique, tortueuses et raides où on vit encore à un rythme ralenti.

NERUDOVA ULICE si dosud zachovala nedotčenou historickou, převážně barokní podobu. K jejím nejvýznamnějším stavbám patří *Thun-Hohenštejnský palác* (čp. 214) projektovaný G. Santinim a postavený v l. 1720-1725, jehož sochařská výzdoba je od M. B. Brauna. *Morzinský palác* (čp. 256) je opět dílem G. Santiniho z let 1713-1714, zdobený sochami F. M. Brokoffa, a *kostel P. Marie u kajetánů* je vybudován v l. 1691-1717 podle plánů J. B. Matheyho a G. Santiniho. Řada měšťanských domů má dosud původní pražská orientační *domovní znamení*, která jsou svéráznou kapitolou dějin českého výtvarného umění.

NERUDOVA STREET has retained its untouched historical and mostly Baroque shape. Among its most important buildings belong the *Thun-Hohenstein Palace* (no. 214), designed by G. Santini and built in 1720-1725; its sculptural ornamentation is by M. B. Braun. *Morzinský Palace* (no. 256), is again the work of G. Santini in 1713-1714, decorated by F. M. Brokoff, and finally the church of the *Virgin Mary of the Kajetans,* built in 1691-1717 following the plans of J. B. Mathey and G. Santini. Many of the burghers' houses have the original Prague orientation *housemarks* whih represent a distinctive part of the history of Czech painting.

DIE NERUDOVA GASSE bewahrte bis jetzt ihre unberührte historische Barockform. Zu ihren bedeutendsten Bauten gehört das *Palais der Familie Thun-Hohenstein* (Nr. 214), von G. Santini entworfen, 1720-1725 erbaut, seine Bildhauerausschmückung ist von M. B. Braun. Das *Palais der Familie Morzin* (Nr. 256) ist wieder G. Santinis Werk aus den Jahren 1713-1714 mit Statuen von F. M. Brokoff, die Marienkirche zu Theatinen wurde nach Entwürfen von J. B. Mathey und G. Santini errichtet. Manche Bürgerhäuser haben bis jetzt ursprüngliche, zur Orientierung dienende *Hauszeichen*. Diese Zeichen stellen ein einzigartiges Kapitel der tschechischen bildenden Kunst dar.

LA RUE NERUDA a conservé intact son aspect historique où prédomine le baroque. Les monuments les plus remarquables sont: le *Palais Thun-Hohenstein* (No 214), projeté par G. Santini et construit de 1720 à 1725, orné de sculptures de M. B. Braun; *le Palais Morzini* (No 256), une autre oeuvre de G. Santini, de 1713 à 1714, avec des statues de F. M. Brokoff; l'église *Notre-Dame des Théatins*, construite de 1691 à 1717 d'après les plans de J. B. Mathey et G. Santini. Sur un bon nombre de maisons, on trouve encore des *motifs en relief,* anciens signes d'orientation. C'est un sujet original dans l'histoire de l'art plastique tchèque.

kolem r. 1902

19. Něžný mariánský kult rozvinulo baroko do podoby hmatatelné fyzické přítomnosti nejen Panny, ale i prostředí, v němž Maria k člověku přichází. Připomínkou Mariina života byl baroknímu člověku její domnělý domek, v němž jí bylo zvěstováno vtělení, přenesený podle legendy ve 13. století anděly do italského Loreta z Nazaretu. Kopie Svatého domku vyrůstaly na mnoha místech katolického světa a jednou z nejznámějších a nejvelkolepějších je Loreta pražská.

19. The Cult of the Gentle Mary arose in the Baroque period, and celebrated not only the Virgin, but also the means by which she entered the world of humanity. The reminder of Mary's life to the Baroque citizen was the very house in which she allegedly witnessed the Revelation. The house was, according to legend, transported here by angels from Nazareth in the 13th century, where it was called the Loreta House. Replicas of the Holy Dwelling have been built in many places of the Catholic world, and one of the most famous and most fabulous lies within Prague's Loreta House.

19. Der zarte Marienkult wurde im Barock in die Form der greifbaren physischen Anwesenheit der Jungfrau, sowie des Milieus, in dem Maria zu den Menschen kommt, entwickelt. Andenken an Marias Leben war für die Menschen des Barockzeitalters das Häuschen, in dem ihr angeblich Menschenwerdung Christi verkündigt worden ist, und das Engel im 13. Jh. ins italienische Loreto aus Nazareth getragen haben sollen. Kopien der „Santa Casa" tauchten an manchen Orten der katholischen Welt auf. Eines der bekanntesten und prachtvollsten ist gerade das Loreto in Prag.

19. Le baroque a développé un tendre culte marial: le sentiment de la présence de la Vierge était lié aussi au milieu où l'homme l'approche. C'était sa prétendue maison où elle avait reçu l'Annonciation qui rendait présente la vie de la Vierge à l'esprit de l'homme baroque. Les anges, d'après une légende, l'ont transférée à Loreto italien de Nazareth, au XIIIe siècle. Les copies de la Santa Casa surgissaient en maints endroits dans les pays catholiques; une des plus connues et des plus splendides est la Lorette de Prague.

LORETA byla postavena v l. 1626-1750. Vlastní *Svatý domek* vybudoval stavitel G. B. Orsi v l. 1626-1627, vrcholně barokní ambity kolem něho z první pol. 18. století jsou dílem K. a K. I. Dienzenhoferových. *Mariánská zvonkohra* od hodináře P. Naumanna je z r. 1694. Ohromnou uměleckohistorickou hodnotu má *loretánský poklad*, soubor asi tří tisíc zlatých a stříbrných předmětů ze 17. a 18. stol.

THE LORETA HOUSE was built in 1626-1750. The *Holy Dwelling* within was built by the architect G. B. Orsi in 1626-1627. The arcades of the middle Baroque around it from the first half of the 18th century are the work of K. and K. I. Dienzenhofer. The *chimes of Mary* were built by the watchmaker P. Neumann in 1694. The *Loreta treasure* - a set of approximately three thousand gold and silver items from the 17th and 18th centuries, is of enormous artistic and historical value.

DAS LORETOHEILIGTUM wurde 1626-1750 erbaut. Die eigene *Santa Casa* erbaute der Architekt G. B. Orsi 1626-1627, der hochbarocke Kreuzgang um sie herum ist Werk von Ch. und K. I. Dienzenhofers aus der ersten Hälfte des 18. Jh. Das *Marienglockenspiel* vom Uhrmacher P. Naumann stammt aus dem Jahre 1694. Einen sehr großen kunsthistorischen Wert hat der *Loretoschatz*, er enthält ca dreitausend goldene und silberne Gegenstände aus dem 17. und 18. Jh.

LORETTE a été bâtie de 1626 à 1750, la *Santa Casa* par l' architecte italien G. B. Orsi en 1626 - 1627, le cloître qui l'entoure, en style baroque à son apogée de la première moitié du XVIIIe siècle, est l'oeuvre de K. et K. I. Dienzenhofer. Le *carillon marial*, l'oeuvre de P. Naumann, date de 1694. Notre-Dame de Lorette possède un *trésor* d'une valeur historique et artistique énorme: un ensemble de quelque trois mille objets en or et en argent.

r. 1850

20. Hned naproti Loretě ukazuje pražské baroko jinou ze svých tváří, tentokrát nikoli církevní, ale šlechtickou, ovšem stejně velkolepou. Rozlehlý palác si na návrší nad Hradem dal stavět císařský diplomat Humprecht Jan Černín z Chudenic v polovině 17. století. Humprechtovo silné ovlivnění italským prostředím a kulturou se zřetelně odráží i v architektuře paláce. Avšak jeho až přepjatá reprezentativnost se nakonec ukázala nad síly nejen Humprechtovy, ale i celého rodu; po poškození francouzskou a poté i pruskou armádou v l. 1742 a 1757 palác chátral a nakonec byl prodán státu. V jeho osudu jako by se odrážel úpadek staré české šlechty v prvních stoletích novověku.

20. Opposite the Loreta House, the Prague Baroque shows another of its faces, this time not religious, but rather that of the nobility. The extensive palace on the hill above the castle was built at the request of the imperial diplomat Humprecht Jan Černín of Chudenice in the mid-17th century. Humprecht was strongly influenced by the Italian environment and culture as apparent in the architecture of the palace. However, the exaggerated representativeness of the palace exceeded the powers of the Humprechts to maintain it; The palace was damaged by the French and later by the Prussian armies in 1742 and 1757, after which the palace deteriorated, until it was eventually sold to the state. Its fate seems to embody the decline of the old Czech nobility in the first centuries of the New Age.

20. Dem Loretoheiligtum gegenüber zeigt das Prager Barock sein anderes Gesicht, diesmal nicht religiös, sondern adelig; allerdings genauso prächtig. Einen geräumigen Palast auf dem Hügel über der Burg ließ sich der kaiserliche Diplomat Humprecht Černín von Chudenice in der Hälfte des 17. Jh. erbauen. Humprechts starke Beeinflußung durch das Milieu und die Kultur Italiens spiegelt sich auch in der Palastarchitektur wider. Dieses übermäßig repräsentative Palais überstieg aber zuletzt Humprechts Kräfte und die Kräfte der ganzen Familie. Nach der Beschädigung durch die französischen und preußischen Armeen 1742 und 1757 ging das Palais zugrunde und wurde dann an den Staat verkauft. In seinem Schicksal spiegelt sich der Niedergang des alten tschechischen Adels in den ersten Jahrhunderten der Neuzeit.

20. En face de la Lorette, le baroque pragois présente un monument non ecclésiastique, mais également magnifique. Sur un tertre au-dessus du Château, un diplomate impérial Humprecht Jan Černín z Chudenic a fait bâtir, au milieu du XVIIe siècle, un vaste palais. L'architecture du palais manifeste l'influence du milieu et de la culture italiens que Humprecht avait subis. Mais la pompe exagérée du palais dépassait les moyens non seulement de Humprecht, mais aussi de toute la famille. Le palais, endommagé par l'armée française, puis par l'armée prussienne, 1742 et 1757, se dégradait et finit par être vendu à l'Etat. Son sort semble refléter la décadence de la vieille noblesse tchèque pendant les premiers siècles des temps modernes.

ČERNÍNSKÝ PALÁC projektoval nejprve F. Caratti (1668) ve stylu palladiánské renesance; první etapa výstavby probíhala v l. 1669-1677, poté byl palác dotvářen několika dalšími významnými architekty až do r. 1720 a po válečných škodách opravován a doplňován A. Luragem. V l. 1928-1934 byl citlivě zrestaurován do původní podoby arch. P. Janákem pro potřeby čs. ministerstva zahraničí.

THE ČERNÍNSKÝ PALACE was planned first by F. Caratti (1668) in a Palladian Renaissance style. The first part of the construction was carried out in 1669-1677. Then the palace was completed by several other important achitects up until 1720, when it was damaged by war, and A. Lurago then reconstructed it. Between 1928 and 1934, the palace was sensitively restored to its original shape by the architect P. Janák to serve the needs of the Czechoslovak Foreign Office.

DAS PALAIS ČERNÍN projektierte zuerst F. Caratti (1668) im Stil der palladianischen Renaissance; die erste Etappe verlief 1669-1677; später arbeiteten daran andere bedeutende Architekten bis 1720, und nach der Kriegsbeschädigung wurde es von A. Lurago repariert und ergänzt. 1928-1934 wurde es vom Architekten P. Janák in ursprünglicher Form restauriert, u. z. für das tschechoslowakische Außenministerium.

LE PALAIS ČERNÍN a été projeté d'abord par F. Caratti (1668) en style Renaissance palladienne; après la première étape de la construction exécutée de 1669 à 1677, plusieurs autres architectes continuaient à le construire jusqu' à 1720; après les dégradations causées par les guerres, il a été restauré et terminé par A. Lurago. Actuellement y siège le Ministère des Affaires étrangères. Les adaptations nécessaires ont été réalisées avec une grande finesse de goût, en donnant au palais sa forme originale, par P. Janák, de 1928 à 1934.

r. 1815

21. Jen pár kroků od honosných paláců Hradčan je jiný, nový svět. Několik uliček tvořících jedno z hradčanských předměstí vzniklo sice již ve 14. století, ale zachovaná podoba Nového světa je až z pol. 18. století, kdy byl obnoven po jednom z několika velkých požárů, jež ho v jeho historii postihly. Donedávna takřka zapomenutý kout Prahy dnes znovu ožívá malými obchůdky, galeriemi a ateliéry souznějícími s malebností nevelkých domků v lecčems připomínajících nedalekou Zlatou uličku. S její legendou ji ostatně spojuje osoba Rudolfova astronoma Tychona de Brahe, který tu r. 1600 bydlel.

21. Only a few steps from the spectacular palaces of the Hradčany lies a new and different world. Several lanes creating one of Hradčany squares had already arisen in the 14th century. However, its preserved shape comes from the mid-18th century when the square was renewed after one of several large fires in the course of its history. An almost forgotten part of Prague has recently begun to live again today through myriad small shops, galleries, and studios, in harmony with the picturesque small houses resembling those in the Golden Lane. The figure of Rudolf's astronomer Tycho de Brahe, who lived here in 1600, connects this part of Prague with the legends of the Golden Lane.

21. Nur ein paar Schritte von den prunkvollen Hradschiner Palästen entfernt befindet sich eine andere, neue Welt. Einige Gäßchen, die eine der Hradschiner Vorstädte bilden, entstanden zwar schon im 14. Jh., aber ihre heutige Form entspricht erst der Hälfte des 18. Jh. Damals wurde diese Vorstadt nach einem der großen Brände erneuert, die sie mehrmals betroffen hatten. Vor kurzem fast noch vergessener Ort Prags, erwacht er jetzt zum Leben mit kleinen Läden, Galerien und Ateliers. Er paßt mit den malerischen Häuschen zusammen, die an das nahe Goldene Gäßchen erinnern. Mit seiner Legende wird dieser Ort mit Rudolfs Astronomen Tycho de Brahe verbunden, der hier 1600 gewohnt hatte.

21. A quelques pas des palais splendides de Hradčany, on trouve un tout autre monde. Quelques ruelles formant la banlieue de Hradčany ont pris naissance au XIVe siècle, mais leur aspect actuel est celui de XVIIIe siècle, où la banlieue a été reconstruite, après l'un des incendies qui, au cours de son histoire, l'ont frapée. Il n'y a pas longtemps, c'était un coin de Prague presque oublié; de nos jours il s'anime et ses petites boutiques, galéries et ateliers sont en harmonie avec le caractère pittoresque des

maisons et rappellent la Ruelle d'or, pas très éloignée de là. Il y a d'ailleurs un lien avec elle: Tycho de Brahe, astronome de Rodolphe II, y a habité en 1600.

Na **NOVÉM SVĚTĚ** jsou architektonicky významné domy *U zlaté hrušky* (čp. 77), *U zlatého hroznu* (čp. 78) a *U zlatého žaludu* (čp. 79).

The three significant houses in the **NEW WORLD** are The *Golden Pear* (no. 77), the *Golden Grapevine* (no. 78), and the *Golden Acorn* (no. 79).

Architektonisch wertvolle Häuser **DER NEUEN WELT** sind *Zur goldenen Birne* (Nr. 77), *Zur goldenen Weintraube* (Nr. 78) und *Zur goldenen Eichel* (Nr. 79).

Dans **LE NOUVEAU MONDE,** trois maisons sont intéressantes du point de vue architecture: *A la poire d'or* (No 77), *A la grappe d'or* (No 78) et *Au gland d'or* (No 79).

r. 1922

22. V sedle Petřína, na místě s nádherným výhledem na město i Hrad, stojí premonstrátský klášter. Není to pouze jeden z četných pražských klášterů, ale jedna z nejvýznamnějších církevních institucí v Čechách vůbec. Na jeho pohnutých osudech se nepodílely jenom požáry, válečná střetnutí, konfesijní spory, ale i zlovůle mocných. Jako jiné kláštery byl i strahovský roku 1950 zrušen, jeho mniši pronásledováni a v jeho prostorách zřízen Památník národního písemnictví. Dnes je klášter znovu obnoven, ale Památník v jeho prostorách zůstal. Jiným způsobem v něm tak pokračuje velká kulturní tradice tohoto kláštera, jejímž důkazem je i velká a nesmírně cenná historická knihovna.

22. On the saddle of the Petřín Hill, at a place with a beautiful view of the town and castle stands a Premonstratensian monastery. It is not only one of many Prague monasteries, but also one of the most important religious institutions in Bohemia. Its eventful history was shaped not only by fires, wars, „confession" conflicts, but also by the sheer viciousness of the mighty. The Strahov monastery was, like other monasteries, closed in 1950, its monks persecuted, and its buildings confiscated for use as a manuscript memorial. Today, the monastery has reverted to its former functions, though the memorial remains in place, and the great cultural tradition of this monastery has been preserved, including the priceless historical library.

22. Im Sattel des Berges Petřín, dort, wo die Aussicht auf die Stadt und die Burg so herrlich ist, steht ein Prämonstratenser Kloster. Es ist nicht nur eines der vielen Prager Klöster, sondern eine der bedeutendsten kirchlichen Institutionen in Böhmen überhaupt. Sein bewegtes Schicksal wurde nicht nur durch Brände, Kriege, Religionskämpfe, sondern auch durch bösen Willen der Mächtigen beeinflußt. Wie andere Klöster wurde auch das Kloster Strahov 1950 aufgelöst, seine Mönche verfolgt, und in seinem Gebäude die Gedenkstätte des nationalen Schrifttums errichtet. Heutzutage ist das Kloster erneuert, aber die Gedenkstätte durfte in seinen Räumen bleiben. Auf andere Weise wird hier also die große Tradition dieses Klosters fortgesetzt; Beweis dafür ist auch die große wertvolle historische Bibliothek.

22. Dans l'ensellement de Petřín, à Strahov, d'où s'offre au visiteur une vue unique de la ville et du Château, s'élève le monastère des Prémontrés. Ce n'est pas qu'un de nombreux monastères de Prague, mais une des institutions de l'Eglise les plus importantes en Bohême. Ses destinées mouvementées ont été marquées non seulement par des incendies, guerres, querelles confessionnelles, mais aussi par l'hostilité des puissants. De même que les autres monastères, celui de Strahov a été supprimé en 1950, ses moines persécutés et dans les locaux du monastère a été installé le Musée de littérature nationale. A présent, ce monastère est restitué, mais le Musée est resté dans ses locaux. Ainsi se poursuit, d'une autre manière, la grande tradition culturelle de se lieu, dont témoigne une grande bibliothèque d'une valeur historique immense.

STRAHOVSKÝ KLÁŠTER založil český kníže Vladislav II. r. 1140. Původně dřevěný klášter byl několikrát přestavován; z jeho románské podoby se dodnes dochovaly prvky v jinak barokizovaném opatském chrámu Nanebevzetí P. Marie i na několika dalších místech. Velkou gotickou přestavbu z pol. 13. stol. překryly barokní úpravy převážně z 18. stol.

THE STRAHOV MONASTERY, originally built out of wood by the Czech ruler, Vladislav II in 1140, has been rebuilt several times. A few Romanesque features have been preserved until today in the otherwise fully Baroque cathedral of the Ascension of the Virgin Mary. The large Gothic ammendments from the mid-13th century were later overwhelmed by Baroque ammendments mostly from the 18th century.

DAS KLOSTER STRAHOV wurde vom böhmischen Fürsten Vladislav II. 1140 gegründet. Ursprünglich aus Holz wurde es mehrmals umgebaut; romanische Elemente blieben in der sonst barockisierten Abteikirche Mariä Himmelfahrt und an einigen anderen Stellen erhalten. Der große gotische Umbau aus der Hälfte des 13. Jh. wurde von der barocken Umgestaltung, die vorwiegend im 18. Jh. stattfand, überdeckt.

LE MONASTERE DE STRAHOV a été fondé par Ladislas II, prince de Bohême, en 1140. A l'origine une construction en bois, il a été plusieurs fois reconstruit; des éléments romans subsistent encore dans l'église baroquisée de l'Assomption, et ailleurs. Une grande reconstruction gothique du milieu du XIIIᵉ siècle est recouverte par des adaptations pour la plupart baroques du XVIIIᵉ siècle.

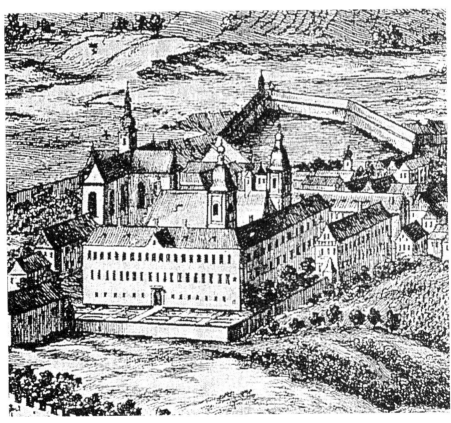

r. 1562

PETŘÍN

23. Svah uzavírající ze západu Malou Stranu je dnes jedním z největších pražských parků, ale bývaly tu jen rozsáhlé vinice a ještě předtím lomy na kámen, z něhož se stavěly domy a kostely románské i gotické Prahy. Karel IV. dal po jeho hřebeni stavět novou malostranskou městskou hradbu a začlenil tak svah do města. To se ale začalo o Petřín nově zajímat až v 19. století, kdy tu vznikl první park, rozšiřovaný potom na celou oblast. Při příležitosti velké Jubilejní výstavy r. 1891 byla na vrcholu Petřína postavena podle vzoru Eiffelovy věže rozhledna a k ní vedoucí technicky zajímavá lanová dráha.

23. The slope enclosing the Lesser Town from the west is one of the largest Prague parks, comprising large vineyards and quarries, the latter providing the stone for the construction of many houses and churches for Romanesque as well as Gothic Prague. Charles IV started to build a new Lesser Town wall on its ridge and thus included the slope within the town. The Petřín Hill was „rediscovered" in the 19th century when the first official park was demarcated, later spreading over the whole area. On the occassion of the great Jubilee exhibition in 1891, a new tower, resembling the Paris Eiffel, was built on the peak of Petřín Hill, together with a technicaly innovative fernicular railway.

23. Der die Kleinseite vom Westen abschließende Hang ist jetzt einer der größten Prager Parks. Früher waren hier nur große Weinberge und noch davor Steinbrüche, aus deren Steinen Häuser und Kirchen des romanischen und gotischen Prags gebaut worden waren. Karl IV. ließ seinem Kamm entlang eine neue Stadtmauer bauen. So wurde der Abhang in die Stadt eingegliedert. Man fing erst im 19. Jh. wieder an, sich für den Petřín zu interessieren. Damals entstand hier der erste Park, der später im ganzen Gebiet erweitert wurde. Anläßlich der grossen Jubiläumsausstellung 1891 wurden auf dem Berggipfel nach dem Eiffelturm ein Aussichtsturm erbaut und eine zu ihm hinführende, technisch interessante Seilbahn.

23. La colline qui ferme à l'ouest Malá Strana est aujourd'hui un des plus grands parcs de Prague. Jadis, il n'y avait que de vastes vignobles, et avant encore, des carrières de pierre - matériaux de constructions des maisons et églises romanes et gothiques. Sur la crête, Charles IV a fait bâtir de nouveaux remparts en incorporant ainsi cette colline à la ville. Celle-ci ne commença à s'intéresser à Petřín qu'au XIXe siècle: à cette époque, la colline a été transformée en parc s'étendant bientôt sur tout le terrain. A l'occasion d'une grande Exposition jubilaire de 1891, une tour métallique - à laquelle la Tour Eiffel a servi de modèle - a été construite au sommet et un funiculaire - intéressant du point de vue technique - qui y mène.

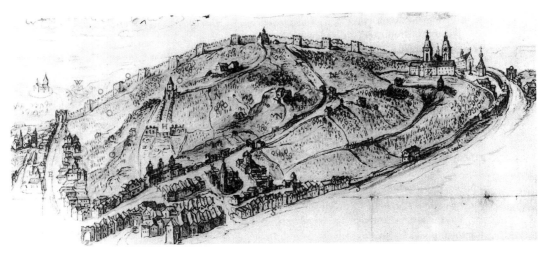

r. 1635

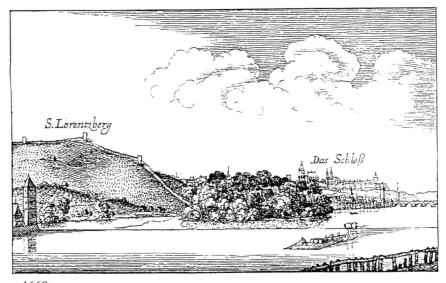

r. 1660

24. Zvláštní místo v českém prostředí zaujímal již od 14. století mariánský kult. Hluboce pozna-menal dobu Karlovu, zvláštním způsobem se k němu hlásilo i husitství a znovu ožil v barokní podobě. Tehdy se znovu Prahou rozšířilo uctívání svatých ostatků a zázračných sošek a soch. Jednou z nejvý-znamnějších je vosková soška Ježíška přivezená do Prahy v polovině 16. století a kostelu P. Marie Ví-tězné darovaná r. 1628 českou šlechtičnou Polyxenou z Lobkovic.

24. The Cult of Mary has had a special position in Bohemia since the 14th century. It deeply influenced the period of Charles IV's reign and was also specifically accepted by the Hussite movement. It was later revitalised in the Baroque era, when the worship of the remains of the various saints and the magical statues spread throughout Prague. One of the most important such statues is a wax Christ brought to Prague in the mid-16th century and given as a present to the church of the Victorious Virgin Mary in 1628 by the Czech noblewoman Polyxena of Lobkovice.

24. Der Marienkult nahm in Böhmen schon seit dem 14. Jh. eine besondere Stelle ein. Die Karls Zeit wurde davon tief beeinflußt, auf besondere Weise meldete sich das Hussitentum dazu. Wiederbe-lebt wurde er in der Barockzeit. Reliquien - und Wunderstatuenverehrung verbreiteten sich damals wi-eder in Prag. Eine der bedeutendsten Statuen ist die, in der Hälfte des 16. Jh. nach Prag gebrachte und der Kirche Maria de Victoria 1628 von der tschechischen Adeligen Polyxena von Lobkovice geschenkte, Wachsfigur des Jesuskindes.

24. Depuis le quatorzième siècle, le culte marial avait une place importante dans le milieu tchèque. Il a profondément marqué l'époque de Charles IV et même le hussitisme, d'une façon particulière,

l'a adopté et il s'est encore ranimé à l'époque baroque. C'est à cette époque-là que s'est répandu à Prague le culte de reliques sacrés et de petites statues miraculeuses. Une des plus connues est l'Enfant-Jésus en cire apporté à Prague au milieu du XVIe siècle, offerte à l'église Notre-Dame-de-la-Victoire par Polyxène de Lobkovic, une aristocrate tchèque.

KOSTEL P. MARIE VÍTĚZNÉ je první pražskou barokní stavbou pocházející z let 1611-1612 a nejpravděpodobněji postavenou podle plánů G. M. Filippiho; jeho průčelí bylo vybudováno dodatečně v l. 1636-1644.

THE CHURCH OF THE VICTORIOUS VIRGIN MARY is the first Prague Baroque edifice from the period of 1611-1612, and was most probably designed by G. M. Filippi. Its facade was added in 1636-1644.

DIE KIRCHE MARIA DE VICTORIA ist der erste Prager Barockbau aus den Jahren 1611-1612, höchstwahrscheinlich nach Entwürfen G. M. Filippis erbaut. Ihre Stirnseite wurde später errichtet (1636-1644).

L'ÉGLISE NOTRE-DAME-DE-LA-VICTOIRE est le premier monument baroque de Prague; elle date des années 1611-1612, construite très probablement d'après les projets de G. M. Filippi; sa façade devant n'a été construite que plus tard, en 1636-1644.

25. Vedle náměstí velkých a slavných má Praha také náměstí malá a jenom zdánlivě skromná. Leží schoulená mezi paláci či bloky domů se svými stromy a parčíky, s lavičkami i obnovujícími se hospůdkami a bistry. Opět se stávají přirozenými ohnisky života města. Patří mezi ně i Maltézské náměstí mezi Karmelitskou ulicí a Kampou; zve k pozastavení i k procházce přes vedle ležící další - Velkopřevorské - náměstí na Kampu.

25. Beside the large and famous squares, Prague also has small, deceptively modest squares. They lie hidden among the palaces and housing blocks with their trees, their little parks, their newer pubs and wine bars, and are becoming the natural centres of life of the town. Maltézské square, between Karmelitská street and the Kampa island, is one such. It invites visitors to linger there awhile or to walk through neighbouring squares - Velkopřevorské square - en route to the Kampa island.

25. Außer großen und berühmten Marktplätzen hat Prag auch kleine und scheinbar bescheidene Plätze. Sie liegen versteckt zwischen Palästen oder Häuserblocks, mit ihren Bäumen, kleinen Parks, Bänken und neueröffneten Gaststätten und Imbißräumen. Heute werden sie wieder zu natürlichen Zentren des Stadtlebens. Zu ihnen gehört auch der Malteser Platz zwischen der Karmelitská Straße und der Insel Kampa; er lädt zum Verweilen oder zu einem Spaziergang durch den nächsten Platz - Velkopřevorské - auf die Kampa ein.

25. Il n'y a pas que de grandes et célèbres places à Prague, mais aussi de petites places qui ne sont modestes qu'en apparence. A l'abri près des palais et pâtés de maisons, elles offrent leur verdure et banquettes, bistrots et petits cafés et redeviennent partie importante de l'ambiance de la ville. Parmi d'autres, la place de l'Ordre de Malte entre la rue Karmelitská et l'île de Kampa qui invite à se reposer et à faire une promenade à travers la place des Velkopřevorské náměstí, qui est tout près, pour arriver sur l'île de Kampa.

Stavebně pozoruhodnými jsou na **MALTÉZSKÉM NÁMĚSTÍ** zejména barokní *Nostický palác* (čp. 471) od F. Carattiho z let 1658-1660, *palác rytířů Turbů* (čp. 475), projektovaný J. Jägrem a stavěný v l. 1765-1767, tzv. *Stará pošta* (čp. 480), budova klasicistického vzhledu z 19. stol., v níž byla v l. 1622-1723 umístěna první pražská pošta, a pův. gotický dům s renesanční přestavbou z r. 1606 a barokní fasádou z r. 1690 zvaný *U Malířů*.

The remarkable buildings on **MALTÉZSKÉ SQUARE** are mainly the Baroque *Nostic palace* (no. 471), built by F. Caratti in 1618-1660; *The Palace of the Turb Knights*, planned and built by J. Jäger in 1765-1767; the so-called *Old Post Office, no. 480*, a classicist building from the 19th century, the site of the first Prague post office in 1622-1723; and an originally Gothic house, rebuilt in the Renaissance style, from 1606, with a Baroque facade from 1690, called *U Malířů*.

Architektonisch bemerkenswert sind einige Gebäude auf dem **MALTESER PLATZ -** barokker *Nostic-Palast* (Nr. 471) von F. Caratti aus den Jahren 1618-1660, *Palast Turbů* (Nr. 475) entworfen von J. Jäger, gebaut 1765-1767, die sog. *Alte Post* (Nr. 480), Gebäude mit klassizistischem Aussehen aus dem 19. Jh., in dem das erste Prager Postamt 1622-1723 untergebracht wurde, und ein ursprünglich gotisches, 1606 im Renaissancestil umgebautes Haus mit barockem Putz aus dem Jahre 1690, „*U Malířů*" genannt.

Parmi les monuments qui se trouvent sur **LA PLACE DE L'ORDRE DE MALTE,** les plus intéressants du point de vue architecture sont: *le palais baroque Nostic* (No 471) de F. Caratti de 1618 à 1660; *le palais rytířů Turbů* (No 474) projeté par J. Jäger, construit de 1765 à 1767; *la vieille poste* (No 480) édifice aujourd'hui classicist, entre 1622 er 1723 siège de la première poste de Prague; et une maison à l'origine gothique reconstruite en style Renaissance en 1606, avec une façade baroque datant de 1690, *U Malířů*.

26. Hned za můstkem spojujícím malostranský břeh s Kampou leží poslední náměstíčko v řadě tří, jimiž vede cesta na Kampu od kostela P. Marie Vítězné. Je tak malé, že nemá ani své vlastní jméno a přece je zcela nezaměnitelné. Zeď popsaná nesčetnými nápisy a pokrytá mnohými kresbami, boční trakt jednoho z paláců, staré měšťanské domy a ve středu města nezvyklé ticho z něho vytvářejí místo plné intimity a zvláštního kouzla. Však také buď přímo na něm anebo v jeho těsné blízkosti žilo několik významných umělců - světoznámý tvůrce loutkových filmů Jiří Trnka, vynikající herec a také spisovatel Jan Werich i básník neobyčejné obraznosti Vladimír Holan.

26. Immediately at the end of the little bridge connecting the Lesser Town bank with the Kampa island lies the last little square in our series, leading to the Kampa from the Church of the Victorious Virgin Mary. It is so small that it does not even have its own name, and yet is inimitable. One of the building walls is covered with innumerable sings and drawings, and the palaces and old burghers' houses create and unusual silence full of intimacy and strange charm. Several significant artists lived on the square or in close proximity: the world-famous creator of puppet films, Jiří Trnka, the outstanding actor and writer, Jan Werich, and the exceptionally imaginative poet, Vladimír Holan.

26. Gleich hinter der das Kleinseitner Ufer mit der Insel Kampa verbindenden Brücke liegt der letzte von den drei Plätzen, durch die der Weg von der Kirche Maria de Victoria auf die Kampa führt. Er ist so klein, daß er sogar keinen Namen hat, und trotzdem ist er unverwechselbar. Die von unzählbaren Inschriften beschriebene und von vielen Zeichnungen bedeckte Wand, Seitenwand eines der Paläste, alte Bürgerhäuser und die in der Stadtmitte ungewöhnliche Stille machen aus ihm eine Stelle voller Intimität und besonderem Zauber. Entweder direkt hier oder in der Nähe lebten ja einige bedeutende Kün-

stler - weltberühmter Schöpfer der Puppenfilme Jiří Trnka, hervorragender Schauspieler und Schriftsteller Jan Werich, sowie Dichter ungewöhnlicher Bildlichkeit Vladimír Holan.

26. Tout près du petit pont reliant le quai de Malá Strana avec l'île de Kampa se trouve la dernière des trois places à travers lesquelles on y arrive de l'église Notre-Dame-de-la-Victoire. Elle est si petite qu'elle n'a même pas de nom, et pourtant elle est unique, elle ne resemble à aucune autre. Le mur couvert d'inscriptions et de maints dessins, le corps latéral d'un palais, les vieilles maisons bourgeoises et un silence auquel on ne s'attend pas au milieu de la ville, tout cela crée une ambiance intime et enchanteresse. Rien de surprenant que s'est là qu' avaient vécu plusieurs artistes remarquables: l'auteur de films de marionnettes d'une réputation mondiale Jiří Trnka, l'excellent acteur et écrivain Jan Werich et le poète doué d'une imagination insolite Vladimír Holan.

Na náměstíčku v **HROZNOVÉ ULICI** na Kampě si zaslouží pozornost *klasicistní patrový domek* s balkónem od M. Hummela z doby po r. 1784, v němž bydlel J. Trnka (1912-1969). O kousek dál stojí pův. *zahradní domek* ze 17. stol. (čp. 501), v němž bydlely čtyři významné osobnosti české kultury posledních tří století: filolog J. Dobrovský (1753-1829), historik výtvarného umění Zdeněk Wirth (1878-1961), herec a spisovatel Jan Werich (1905-1980) a básník Vladimír Holan (1905-1980).

The buildings on the square of **HROZNOVÁ STREET** on the Kampa island are worth a glance for example the *Classicist house* with balcony by M. Hummel after 1784 in which lived J. Trnka (1912-1969) and then the original *garden residence* from the 17th century (no. 501) where lived four significant personalities of Czech culture over the last three centuries: J. Dobrovský (1753-1829), the art historian Zdeněk Wirth (1878-1961), the actor and writer Jan Werich (1905-1980), and the poet Vladimír Holan (1905-1980).

Auf dem kleinen Platz in der **HROZNOVÁ STRAßE** auf der Kampa steht ein bemerkenswertes *klassizistisches einstöckiges Haus* mit Balkon von M. Hummel, gebaut nach dem Jahre 1784, in dem J. Trnka (1912-1969) wohnte. Ein Stück weiter befindet sich das ursprüngliche *Gartenhaus* aus dem 17. Jh. (Nr. 501), in dem vier bedeutende Persönlichkeiten der tschechischen Kultur letzter drei Jahrhunderte lebten: Philologe Josef Dobrovský (1753-1829), Kunsthistoriker Zdeněk Wirth (1878-1961), Schauspieler und Schriftsteller Jan Werich (1905-1980) und Dichter Vladimír Holan (1905-1980).

Sur la petite place dans **LA RUE HROZNOVÁ** sur l'île de Kampa, notre attention est attirée par une petite *maison classiciste* à un étage, avec un balcon, oeuvre de M. Hummel 1784 après, où habitait J. Trnka (1912-1969). Un peu plus loin se trouve un *pavillon* du XVIIᵉ siècle (No 501), où avaient habité quatre personnages célèbres de trois siècles passés: le philologue Josef Dobrovský (1753-1829), l'historien d'art plastique Zdeněk Wirth (1878-1961), l'acteur et écrivain Jan Werich (1905-1980) et le poète Vladimír Holan (1905-1980).

27. Z osmi pražských ostrovů je Kampa jistě nejkrásnější. Staré domy spolu s velkým palácem a roz-sáhlým parkem vytvářejí nedaleko hlavních turistických tras oázu klidu a pohody. Od ruchu Starého Města odděluje ostrov široký tok Vltavy a od Malé Strany pouze úzký, kdysi mlýnský náhon Čertovka. Na obou březích ostrova ještě zbyly některé mlýnské budovy, aby připomínaly zašlé časy, kdy byla Kampa ještě plná zahrad. První domy se na ní objevily až v 16. století; a na jeho konci se sem přestě-hovaly i proslulé hrnčířské trhy, jejichž tradice se v posledním desetiletí znovu obnovuje.

27. Kampa is the most beautiful of the eight Prague islands. The old houses next to the large palace and park create an oasis of peace and silence, not far from the main tourist thoroughafares, and the wide Vltava river seperates the island from the noise of the Old Town. The island is seperated from the Lesser Town by only a narrow milling canal. On both banks of the island, there remain several milling buildings which remind one of the past times when the Kampa island was full of gardens. The first houses appeared there in the 16th century, and at one end, the famous, potters' market has been relocated and its tradition re-established over the last decade.

27. Von acht Prager Inseln ist Kampa gewiß die schönste. Alte Häuser gemeinsam mit einem gro-ßen Palast und einem riesigen Park bilden unweit von touristischen Trassen eine ruhige und angeneh-me Oase. Vom Verkehr der Altstadt wird die Insel durch den breiten Strom der Moldau und von der Kleinseite durch den schmalen ehemaligen Mühlgraben Čertovka (Teufelsbach) getrennt. An beiden Inselufern blieben noch einige Mühlengebäude erhalten, um an vergangene Zeiten, als Kampa noch voll von Gärten war, zu erinnern. Erste Häuser gab es erst im 16. Jh. Am Ende des 16. Jh. wurden hier berühmte Töpfermärkte abgehalten, deren Tradition im letzten Jahrzehnt wieder belebt wurde.

27. Il y a huit îles à Prague et parmi toutes, l'île de Kampa est sûrement la plus belle. Vieilles mai-sons, un palais et un vaste parc créent - non loin d'une zone touristique - une oasis de paix et de si-lence. Cette île est séparée de l'animation de la Vieille Ville par le large cours de la Vltava; de la Malá Strana par un cours d'eau étroit - jadis bief d'un moulin - la Čertovka. Quelques bâtiments d'anciens moulins se trouvent encore sur les deux quais de l'île pour rappeler les temps passés où il n'y avait sur cette île que des jardins. Ce n'est qu'au XVIe siècle que les premières maisons y sont apparues; et de-

puis la fin du même siècle y avaient lieu des marchés réputés à la poterie, dont la tradition commence, cette dernière décennie, à se renouveller.

KAMPA je poprvé připomínána již r. 1169. Pův. gotický *Sovův mlýn* (čp. 503), upravený do dnešní novogotické podoby z r. 1862, tu stával již v 15. stol. *Kaiserštejnský* nebo také *Lichtenštejnský palác* z l. 1684-1696 snad podle projektu G. B. Alliprandiho byl do dnešní podoby přestavěn v pol. minulého století.

THE KAMPA ISLAND was first mentioned in 1169. The originally Gothic *Sova's Mill* (no. 503), ammended into a new Gothic shape in 1862, was already here in the 15th century. The *Kaiserstein,* or the *Lichtenstein Palace*, from 1684-1696, probably planned by G. B. Allliprandi, was ammended into its present shape in the mid-19th century.

Zum erstenmal wurde **KAMPA** schon 1169 erwähnt. Die ursprünglich gotische *Sovas Mühle,* Nr. 503), deren heutige neugotische Form aus dem Jahre 1862 stammt, stand hier schon im 15. Jh. Das *Kaisersteiner bzw. Lichtensteiner Palais* (1684-1696), wahrscheinlich nach G. B. Alliprandis Entwurf gebaut, erhielt seine heutige Form in der Hälfte des vergangenen Jahrhunderts.

L'ÎLE DE KAMPA est mentionnée pour la première fois en 1169. Un moulin à l'origine gothique - *Sovův mlýn* - (No 503) dont l' aspect néo-gothique date de 1862, s'y trouvait déjà au XVe siècle. Le *palais Kaiserstein ou Lichtenstein* datant de 1684 à 1696, projeté peut-être par G. B. Alliprandi, a été reconstruit et a pris son aspect d'aujourd'hui au milieu du siècle passé.

r. 1767

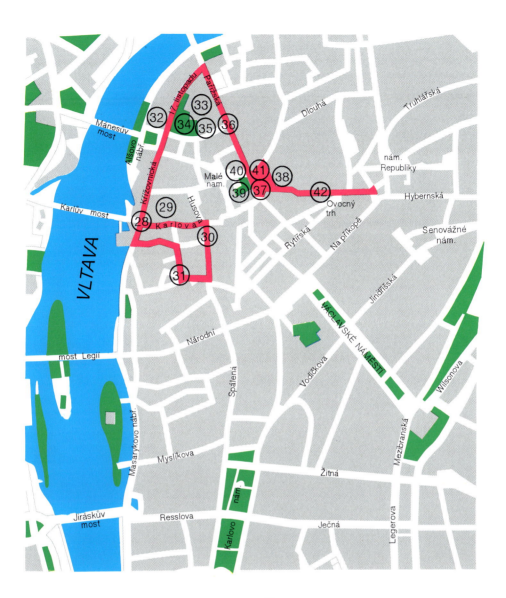

(28) Křižovnické náměstí	(36) Pařížská třída
(29) Klementinum	(37) Staroměstské náměstí
(30) Husova ulice	(38) Kostel P. Marie před Týnem
(31) Betlémská kaple	(39) Staroměstská radnice
(32) Dům umělců - Rudolfinum	(40) Chram sv. Mikuláše na Starém Městě
(33) Staronová synagoga	(41) Pomník M. Jana Husa
(34) Starý židovský hřbitov	(42) Celetná ulice
(35) Pinkasova synagoga	

28. Nevelké náměstí, z něhož na staroměstské straně vychází Karlův most, je jedním z architektonických klenotů Prahy. Hned několik stavebních slohů, hned několik staletí se tu na malém čtverci spojilo do neobyčejně harmonického celku. Dominují mu veliká barokní kupole chrámu sv. Františka a gotická staroměstská mostecká věž - a spolu nejen pro toto náměstí, ale i pro celou Prahu dokládají, jak je to právě jejich spojení, které vytváří atmosféru města.

28. A small square at the Old Town end of Charles Bridge is one of the architectural jewels of Prague. Several architectural styles and several centuries melt together in this small square into an exceptional harmony. The cupola of the St. Francis cathedral dominates the square, together with the Old Town Gothic Bridge Tower. It is precisely this interaction which creates the atmosphere not only of this square but of the whole Town.

28. Der kleine Platz, von dem aus die Karlsbrücke auf der Altstädter Seite ausgeht, ist einer der architektonischen Kleinode Prags. Einige Baustile, einige Jahrhunderte trafen hier in einem kleinen Quadrat aufeinander und bilden ein harmonisches Ganzes. Die große Barockkuppel der Kirche St. Franziskus und der gotische Altstädter Brückenturm dominieren hier. Gerade ihre Verbindung bildet die Stadtatmosphäre.

28. Une place plutôt petite, à l'extrémité du pont Charles du coté de la Vieille Ville, est un des joyaux de l'architecture de Prague. Plusieurs styles d'architecture, plusieurs siècles ont composé dans ce petit espace un ensemble étonnamment harmonieux. C'est la grande coupole baroque de l'église Saint-François et la tour gothique du pont Charles qui le dominent et montrent que c'est cette union de styles qui crée non seulement l'atmosphère de ce lieu, mais aussi l'atmosphère de Prague.

KŘIŽOVNICKÉ NÁMĚSTÍ dostalo své jméno podle kláštera křižovníků s červenou hvězdou, jejichž řád byl v Praze založen r. 1237. *Klášterní kostel sv. Františka* je z l. 1679-1689 a autorem návrhu je J. B. Mathey. *Staroměstská mostecká věž* z přel. 14. a 15. stol. je významná svou bohatou a vzácnou sochařskou výzdobou. Do areálu Klementina patří *kostel sv. Salvátora* s nádhernou štukovou výzdobou, jehož stavba spadá do l. 1578-1653. Byl a dnes znovu je kostelem univerzitním. R. 1849 při celkových úpravách náměstí a k 500. výročí založení univerzity byla před budovou křižovnického generalátu postavena pseudogotická *socha císaře Karla IV.* od něm. sochaře A. Hähnela.

KŘIŽOVNICKÉ SQUARE received its name from the Monastery of the Knights of the Cross of the red Star, whose order was founded in Prague in 1237. The *St. Francis monastic church* was built in 1679-1689 by J. B. Mathey. *The Old Town Bridge Tower,* from the turn of the 14th and 15th centuries, is important because of its rich and precious sculptured ornamentation. *The St. Salvator church* also belongs to the premises of the Klementinum, with beautiful stucco ornamentation, built in 1578-1653, and was, indeed still is, the university church. In 1849, in the occassion of the five hundredth anniversary of the foundation of the university, a pseudo-Gothic *statue of the emperor Charles IV* was built by the German sculptor A. Hahnel, in front of the administrative centre of the Knights' order.

DER KREUZHERRENPLATZ bekam seinen Namen nach dem Kloster der Kreuzherren mit rotem Stern, deren Orden 1237 in Prag gegründet wurde. Die *Klosterkirche St. Franziskus* ist aus den Jahren 1679-1689, ihren Entwurf schuf J. B. Mathey. *Der Altstädter Brückenturm,* Ende des 14., Anfang des 15. Jh., ist dank seiner reichen und seltenen Bildhauerausschmückung bedeutend. Ins Areal des Klementinums gehört auch *die Kirche St. Salvator* mit herrlicher Stukkatur, deren Bau in die Jahre 1578-1653 fällt. Sie war und ist wieder Universitätskirche. 1849, während der Neugestaltung des Platzes und zum 500. Jahrestag der Gründung der Karlsuniversität, wurde vor das Gebäude des Kreuzherrengeneralates eine pseudogotische *Statue Kaiser Karls IV.*, vom deutschen Bildhauer A. Hähnel, gestellt.

LA PLACE DES CROISÉS nommée d'après le monastère des Pères Croisés à l'étoile rouge dont l'ordre a été fondé à Prague en 1237. Leur *église Saint-François* date de 1679 à 1689, l'auteur du projet est J. B. Mathey. *La tour du pont* donnant sur le Vieille Ville, construite à la fin du XIVᵉ et au début du XVᵉ siècle est remarquable par la richesse de sa décoration scuplturale extraordinaire. *L'église Saint-Salvator* richement décorée en stucs magnifiques, partie du complexe des bâtiments du Klementinum, a été construite de 1578 à 1653. Elle avait été et elle est de nouveau église de l'université. En 1849, pendant l'aménagement de la place et à l'occasion du 500ᵉ anniversaire de la fondation de l'Université Charles, a été érigée, devant le bâtiment du supérieur des Pères Croisés, la *statue pseudogothique de Charles IV*. C'est une oeuvre de A. Hähnel.

r. 1851

29. Na místě dominikánského kláštera, tří kostelů, třiceti domů a několika zahrad dali v polovině 17. století stavět svou novou kolej jezuité. Celé jedno století byl pak budován obrovský komplex více než deseti budov, tří kostelů a pěti nádvoří, jenž se stal symbolem vlivu a moci, jakých Tovaryšstvo Ježíšovo v pobělohorských Čechách dosáhlo. Jezuité sem soustředili prakticky celou svou pastorační i kulturní činnost: bylo tu jejich gymnázium a později univerzita, knihovna, tiskárna, hvězdárna i divadlo. A kulturním účelům nepřestala budova sloužit ani po zrušení řádu r. 1773; nadále tu sídlila univerzita, byla tu zřízena veřejná knihovna, jež jako česká Národní knihovna tu působí dodnes, byla tu i obrazárna a sídlila zde i pražská Akademie výtvarných umění.

29. A new Jesuit college was built in the mid-17th century on the place formally occupied by a Dominican monastery, three churches, thirty houses, and several gardens. It took one whole century to build a huge complex of more than ten buildings, three churches, and five courtyards, which became a symbol of the influence and power of the Christ Apprenticehood in Bohemia after the battle of the White Mountain in 1620. The Jesuits concentrated their whole pastoral and cultural activities here: Their secondary schools, and later their university, library, publishing house, observatory, and theatre. The building was used for cultural activities even after the abolition of the order in 1773. The university remained, as did the public library, now the Czech National Library, while a picture gallery and the Prague Academy of Art and Painting did not.

29. An der Stelle eines Dominikanerklosters, dreier Kirchen, dreißig Häuser und einiger Gärten ließen Jesuiten in der Hälfte des 17. Jh. ihr neues Kolleg bauen. Volle hundert Jahre wurde der riesen-

große Komplex von mehr als zehn Gebäuden, drei Kirchen und fünf Höfen gebaut. Er wurde zum Symbol der Macht und des Einflusses, die die Gesellschaft Jesu in Böhmen nach der Schlacht am Weißen Berg erreicht hatte. Jesuiten konzentrierten hier praktisch ihre ganze Pastor- und Kulturtätigkeit; es befanden sich hier ihr Gymnasium, später ihre Universität, die Bibliothek, Druckerei, Sternwarte und das Theater. Auch nach der Auflösung des Ordens 1773 hörte das Gebäude nicht auf, den Kulturzwecken zu dienen; weiterhin hatte die Universität hier ihren Sitz. Eine öffentliche Bibliothek wurde hier errichtet, die weiterhin als Tschechische Nationalbibliothek dient, auch waren hier eine Gemäldegalerie und die Prager Akademie der bildenden Künste.

29. Au milieu du XVIIe siècle, les jésuites on fait bâtir leur collège à l'emplacement d'un couvent de dominicains, de 3 églises, de 30 maisons et plusieurs jardins. Tout un siècle durait l'édification d'un immense complexe de plus de 10 bâtiments, 3 églises, 5 cours - symbole de l'influence et du pouvoir que la Compagnie de Jésus a gagné en Bohême après la bataille de la Montagne Blanche. Les Jésuites y ont concentré toute leur activité pastorale et culturelle: il y avait une école latine, plus tard une université, une bibliothèque, une imprimerie, un observatoire astronomique, un théâtre. Même après la suppression de l'ordre en 1773, les bâtiments ne cessèrent pas de servir à des fins culturels: toujours encore y résidait l'université, une bibliothèque y a été installée, qui en tant que Bibliothèque nationale y existe toujours. Il y avait aussi une galerie de peinture et y siégeait aussi l'Académie des beaux arts de Prague.

KLEMENTINUM (1653-pol. 18. stol.) je postaveno v barokním slohu s rokokovými doplňky. Jeho nejstarší částí je křídlo směrované podél Křižovnické ulice od F. Carattiho (1653), pův. dvoupatrové a o 3. patro zvýšené až v l. 1924-1925. Vedle kostela sv. Salvátora je součástí Klementina i *kostel sv. Klementa* od F. M. Kaňky z l. 1711-1715 a zajímavá elipsovitá *Vlašská kaple Nanebevzetí P. Marie* postavená v l. 1590-1597 pravděpodobně podle návrhu O. Mascarina. Na třetím nádvoří stojí stará *hvězdárenská věž,* projektovaná F. M. Kaňkou z l. 1721-1723. Pozoruhodné jsou i hist. knihovní sály.

THE KLEMENTINUM COMPLEX (1653 - mid-18th century) was built in the Baroque style with Roccoco ammendments. Its oldest part is a wing directed along Křižovnická street, planned by F. Caratti (1653), and originally a two-story building. The third floor was added to it in 1924-1925. Next to the St. Salvator church stands the *St. Klement church* by F. M. Kaňka from 1711-1715, which is also a part of Klementinum, as well as the remarkable ellipsoid *Vlašská Chapel of the Ascension of the Virgin Mary*, built in 1590-1597, following the plans of O. Mascarino. The *observatory tower* stands in the third courtyard, designed by F. M. Kaňka and built in 1721-1723. Finally, the halls of the library are also remarkable.

DAS KLEMENTINUM (1653 - Hälfte des 18. Jh.) ist im Barockstil mit Rokokoergänzungen erbaut. Sein ältester Teil ist der entlang der Straße Křižovnická führende Flügel von G. Caratti (1653), ursprünglich zweistöckig, 1924-1925 wurde er um einen Stock höher. Außer der St. Salvator-Kirche sind auch die *St. Kliment-Kirche* von F. M. Kaňka (1711-1715) und die interessante elliptische *Welsche Kapelle Mariä Himmelfahrt*, gebaut wahrscheinlich nach Plänen O. Mascarinos, 1590-1597, Bestandteile des Klementinums. Auf dem dritten Hof steht der alte *Observatoriumsturm,* entworfen von F. M. Kaňka 1721-1723. Sehenswert sind auch die historischen Bibliothekssäle.

KLEMENTINUM (de 1653 jusqu'au milieu du XVIIIe siècle) est une construction de style baroque avec des détails rococo. La partie la plus ancienne est l'aile s'étendant le long de la rue Křižovnická, d'abord à deux étages - oeuvre de F. Caratti (1653) - et surélevé d'un étage de 1924 à 1925. A part l'église Saint-Salvator font partie du Klementinum: l'église *Saint-Clément,* oeuvre de F. M. Kaňka de 1711 à 1715 et *la Chapelle italienne* de l'Assomption, intéressante, en forme d'ovale, probablement projeté par O. Mascari, bâtie de 1590 -1597. Dans la troisième cour s'élève la *tour de l'observatoire* projetée par F. M. Kaňka, construite de 1721-1723. Les salles de la bibliothèque méritent aussi notre attention.

30. Téměř v každé z pražských ulic najdeme cenné a památné budovy. Zvláště, jde-li o ulice, které bývaly hlavními tepnami historické části města. Jednou z nich byla i ulice zvaná dnes Husova, jež prochází Starým Městem od Malého rynku k Betlémskému náměstí. Vedle sebe tu stojí gotický kostel, v němž kázal Husův předchůdce Jan Milíč z Kroměříže, bohatě zdobený Clam-Gallasův palác, patřící rodu přišlému do Čech po porážce českých stavů na Bílé hoře roku 1620, stejně jako dům, který patříval Kašparu Kaplířovi ze Sulevic, jednomu z vůdců tohoto povstání poraženého právě tam; stojí tady budova první technické vysoké školy v Evropě i dům, v němž našlo své sídlo první novodobé české nakladatelství a knihkupectví.

30. Almost in every street of Prague, visitors may find valuable and memorable buildings, especially in the case of streets which used to be the main arteries of the historical part of the town. One of them is a street now called Husova Street, running through the Old Town from Malý Rynek Square to Betlémské Square. There stands a Gothic church, in which Hus's predecessor Jan Milíč of Kroměříž held his sermons, and next door is the richly decorated Clam-Gallas Palace, which belonged among the possessions of the

incoming dynasties to Bohemia after the defeat of the Czech nation at the Battle of the White Mountain in 1620. The building which belonged to Kašpar Kaplíř of Sulevice, one of the leaders of the doomed rebellion, was also similarly repossessed. The first technical college in Europe and the first Czech New Age publishing house and bookstore have now replaced the original buildings.

30. Fast in jeder Prager Straße findet man wertvolle und denkwürdige Gebäude. Besonders wenn es sich um ehemalige Hauptadern des historischen Stadtteils handelt. Eine davon war auch die heutige Hus-Gasse, die durch die Altstadt vom Kleinen Ring zum Betlehemsplatz führt. Nebeneinander stehen hier eine gotische Kirche, in der der Hus' Vorläufer Jan Milíč von Kroměříž predigte, das reich geschmückte Palais Clam-Gallas, das einer 1620 nach der Niederlage der böhmischen Stände am Weißen Berg angekommenen Familie gehörte, und ein Haus, das Kašpar Kaplíř von Sulevice, einem der Führer des dort gerade besiegten Aufstandes, gehörte; hier stehen auch das Gebäude der ersten europäischen technischen Hochschule und ein Haus, in dem die erste neuzeitliche tschechische Verlagbuchhandlung ihren Sitz fand.

30. Presque dans toutes les rues de Prague on trouve des édifices de valeur artistique et historique. Surtout dans les rues qui étaient jadis artères principales de la partie historique de la ville. Par exemple la rue - aujourd'hui rue Husova - de la Vieille Ville qui mène de Malý rynek (la Petite place) à Betlémské náměstí (la Place de Bethléem). A côté d'une église gothique où prêchait Jan Milíč z Kroměříže, prédécesseur de Jean Huss, se trouve le palais - richement décoré - de la famille Clam-Gallas, venue en Bohême après la défaite de l' insurrection des Etats de Bohême sur la Montagne Blanche en 1620, de même que la maison ayant appartenu à Kašpar Kaplíř ze Sulevic, un des chefs vaincus de cette insurrection; s'y trouve aussi le bâtiment de la première école d'enseignement supérieur technique en Europe et le bâtiment où siégeait la première maison d'édition et librairie tchèques des temps modernes.

V **HUSOVĚ ULICI** je nejpozoruhodnější stavbou barokní *Clam-Gallasův palác* (čp. 158) od J. B. Fischera z Erlachu z l. 1713-1729 se soch. výzdobou M. Brauna. *Kostel sv. Jiljí* je barokizovaná (po 1731) gotická stavba z l. 1339-1371. *Dům U tří kalichů* (čp. 243), na konci 16. stol. patřící Kaplířovi, má dnes raně barokní podobu z konce 17. stol.; pozoruhodný je i dům čp. 240, dnes sídlo *Českého vysokého učení technického*, postavený na základě tří gotických domů na konci 17. stol. Pův. renesanční dům čp. 232 byl v l. 1792-1808 sídlem *Krameriova nakladatelství*.

The most remarkable building in **HUSOVA STREET** is the Baroque *Clam-Gallas Palace* (no. 158), by J. B. Fischer of Erlach, from 1713-1729, with sculptural ornaments by M. Braun. *St. Giles' Church* is a Gothic building from 1339-1371, rebuilt in a Baroque style after 1731. The house called *The Three Chalices* (no. 243), which belonged to Kaplíř at the end of the 16th century, today has an early Baroque shape from the end of the 17th century. The other remarkable building is at number 240, today the seat of the *Czech Technical College*, built on the place of three Gothic houses at the end of the 17th century. Number 232, originally a Renaissance building, was the *Kramerius' publishing house* in 1792-1808.

Ein bemerkenswerter Bau in der **HUS-GASSE** ist das barocke *Palais Clam-Gallas* (Nr. 158) von J. B. Fischer von Erlach (1713-1729) mit Statuen von M. Braun. Die *Kirche St. Ägidius* ist ein nach 1713 barockisierter gotischer Bau aus den Jahren 1339-1371. Das *Haus Zu drei Kelchen* (Nr. 243), am Ende des 16. Jh. Kaplíř gehörend, hat heute die frühbarocke Form vom Ende des 17. Jh., sehenswert ist auch das Haus Nr. 240, jetzt Sitz der *Tschechischen Technischen Hochschule*, am Ende des 17. Jh. auf den Fundamenten von drei gotischen Häusern erbaut. Das Haus Nr. 232, ursprünglich im Renaissancestil gehalten, war 1792-1808 Sitz des *Verlags von Kramerius*.

Dans **LA RUE JEAN HUSS** l'édifice le plus remarquable est le *palais Clam-Gallas* (No 158), construit de 1713 à 1729 par J. B. Fischer d'Erlach; la décoration sculpturale est de M. Braun. *L'église Saint-Gilles* est un monument gothique de 1339 -1371, adapté en style baroque après 1731. *La Maison aux trois calices* (No 243) appartenant à la fin du XVIe siècle à Kaplíř, est depuis la fin du XVIIe siècle, en baroque primaire. A remarquer aussi l'édifice No 240, aujourd'hui siège de *l'Ecole supérieure technique*, construite à l'emplacement de trois maisons gothiques à la fin de XVIIe siècle. Dans la maison No 232, à l'origine de style Renaissance, a siégé de 1792 -1808 la *maison d'édition de Kramerius*.

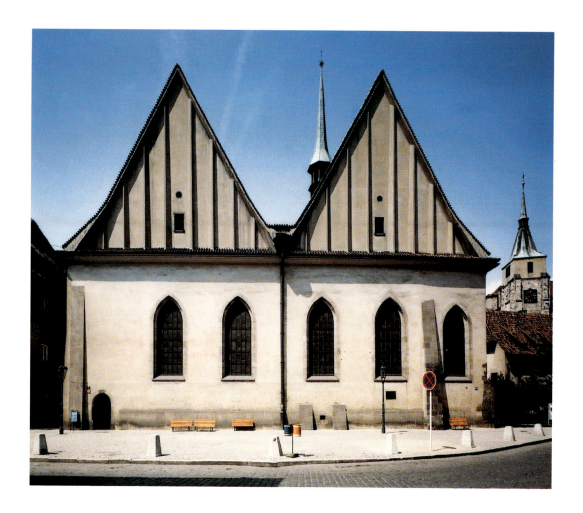

31. Příchod Mistra Jana Husa roku 1402 jako kazatele do nevelké staroměstské kaple, založené roku 1391 pro česká kázání, se stal počátkem velkého náboženského opravného hnutí, předznamenávajícího celou evropskou reformaci. Husovy názory na zásady života církve i celé společnosti nalezly rychle široký ohlas a po odsouzení a upálení oblíbeného kazatele v Kostnici roku 1415 vedly k revolučnímu výbuchu, který přímo ovlivnil české i evropské dějiny v následujících staletích a z něhož se během nich vyvinula jedna ze dvou hlavních tradic českého národa. Husitství a husitská tradice se pro Čechy staly symbolem svobodného a nezávislého myšlení.

31. The arrival of Jan Hus in 1402 as preacher to the small Old Town Chapel founded in 1391 for Czech sermons was the beginning of the great reformatory movement, anticipating the entire European religious Reformation. Hus's opinions on the principles of church life and indeed of all society quickly gained wide support, and after his death sentence and burning at the stake in Constanz in 1415, they led to a revolutionary explosion which directly influenced the Czech and European history of the following centuries, and from which developed one of the two main traditions of the Czech nation. The Hussite movement and tradition has become a symbol of free and independent thinking for Czechs.

31. Die Ankunft von Magister Jan Hus als Prediger im Jahre 1402 in der kleinen, 1391 für tschechische Predigten gegründeten Altstädter Kapelle, wurde zum Beginn einer großen reformatorischen Religionsbewegung, die die ganze europäische Reformation vorausnahm. Hus' Ansichten über die Prinzipien des Lebens der Kirche und der ganzen Gesellschaft fanden schnell einen breiten Widerhall. Die Verurteilung und Verbrennung des beliebten Predigers in Konstanz 1415 führten zu einem revolutionären Ausbruch, der die europäische und böhmische Geschichte in den folgenden Jahrhunderten direkt beeinflußte, und aus dem sich eine der zwei Haupttraditionen des tschechischen Volkes entwickelte.

Das Hussitentum und die hussitische Tradition wurden für Böhmen zum Symbol freien, unabhängigen Denkens.

31. En 1402, Maître Jean Huss est arrivé - en tant que prédicateur - dans une chapelle de la Vieille Ville fondée en 1391 en vue de sermons prononcés en tchèque. C'était le début d'un grand mouvement religieux réformateur annonçant la Réforme européenne. Les idées de Huss sur les principes de la vie de l'Eglise et de toute la société ont vite eu un grand retentissement. Après la condamnation et le supplice du feu de ce prédicateur respecté - à Constance en 1415 - elles ont provoqué une explosion révolutionnaire qui a eu une influence directe sur l'histoire tchèque et européenne dans les siècles suivants; une de deux traditions fondamentales de la nation tchèque en est née: le hussitisme et la tradition hussite sont devenues pour les Tchèques le symbole de la pensée libre et indépendante.

Původní **BETLÉMSKÁ KAPLE** byla r. 1786 zbořena. Její dnešní přesná kopie, v níž jsou zachovány i prvky kaple původní, byla postavena v l. 1950-1952 podle projektu J. Fragnera.

The original **BETHLEHEM CHAPEL** was destroyed in 1786. Its faithful replica was built on top of the original's remains in 1950-1952, and was designed by J. Fragner.

Die ursprüngliche **BETLEHEMSKAPELLE** wurde 1786 niedergerissen. Ihre heutige genaue Kopie, in der auch Reste der alten Kapelle erhalten blieben, wurde 1950-1952 nach Entwurf von J. Fragner erbaut.

LA CHAPELLE DE BETHLÉEM a été démolie en 1786. Une copie fidèle, avec des éléments de l'ancienne chapelle, a été construite en 1950 -1952 d'après le projet de J. Fragner.

r. 1562

32. Dům umělců, zvaný také Rudolfinum, patří vedle Národního divadla a Národního muzea k nej-významnějším pražským stavbám druhé poloviny minulého století. Byl zamýšlen jako sídlo pro mnohé kulturní aktivity; jsou tu rozsáhlé výstavní prostory a velká koncertní síň, a Rudolfinum tak mělo být jakýmsi doplňkem prvních dvou významných národních institucí, muzea a divadla. Svému původnímu určení sloužila budova až do vzniku Československé republiky, kdy se stala sídlem poslanecké sně-movny Národního shromáždění, pro jejíž potřeby byl její vnitřek také upraven. Po rozsáhlé rekonstrukci byl Dům umělců znovu uveden do své původní podoby a je nyní jednou z nejkrásnějších pražských galerií, výstavních prostor a koncertních síní.

32. The House of Artists, also known as the Rudolfinum belongs, together with the National Theatre and the National Museum, among the most important Prague building of the second half of the last century. It was intended to be used for many cultural activities, with many large exhibition areas and a vast concert hall available. The Rudolfinum was thus to supplement the two main important national institutions, namely the museum and the theatre. The building served its original purpose until the establishment of the Czechoslovak republic in 1918, when it became the seat of the new parliament, a change accompanied by ammendments to the interior. After extensive reconstruction, the House of Artists was returned to its original shape and is now one of the most beautiful Prague galleries auditoriums and exhibition areas.

32. Das Haus der Künstler, auch Rudolfinum genannt, gehört neben dem Nationaltheater und-mu-seum zu den bedeutendsten Prager Bauten der zweiten Hälfte des vorigen Jahrhunderts. Es war als Sitz verschiedener Kulturaktivitäten beabsichtigt; hier befinden sich riesige Ausstellungsräume und ein gro-ßer Konzertsaal. Auf solche Weise sollte das Rudolfinum eine gewisse Ergänzung der ersten zwei Na-tionalinstitutionen - des Museums und Theaters - werden. Zu diesen Zwecken diente das Gebäude bis zur Gründung der Tschechoslowakischen Republik, als es zum Sitz des Abgeordnetenhauses der Na-tionalversammlung wurde. Seinen Bedürfnissen entsprechend wurde auch das Innere hergerichtet. Nach einer umfangreichen Renovierung erhielt das Haus der Künstler seine ehemalige Form und ist jetzt eine der schönsten Prager Galerien, Ausstellungsräume und Konzertsäle.

32. La Maison des artistes (ou Rudolfinum) est, outre le Théâtre National et le Musée National, un des édifices de Prague les plus remarquables de la deuxième moitié du siècle passé. Elle était prévue comme un centre de plusieurs activités culturelles: il y a des espaces destinés aux expositions et une grande salle de concerts; dans une certaine mesure, Rudolfinum devait donc compléter les deux premières grandes institutions nationales, le musée et le théâtre. Il avait ce rôle jusq'à la naissance de la République Tchécoslovaque, où il est devenu, après des adaptations de son intérieur, siège de la Chambre des députés de l'Assemblée nationale. A présent, ayant retrouvé, après d' importantes reconstructions, son aspect original, la Maison des artistes est devenue un des plus beaux musées d'art.

Autory návrhu **DOMU UMĚLCŮ** jsou J. Zítek a J. Schulz a postaven byl v novorenesančním slohu v l. 1876-1884 jako sídlo obrazárny Společnosti vlasteneckých přátel umění, Umělecko-průmyslového muzea a hudební konzervatoře. Dnes je sídlem České filharmonie. Parlament ČSR tu zasedal v l. 1918-1939 a 1945-1946.

The authors of **THE HOUSE OF ARTISTS** were J. Zítek and J. Schulz. It was built in neo-Renaissance style in 1876-1884 as a gallery for the organisation Patriotic Friends of the Arts, part of the Museum of Fine Arts and the Musical Conservatory. Today, it is the headquarters of the Czech Philharmonic. The parliament of the Czechoslovak Republic was based there in 1918-1939 and 1945-1946.

DAS HAUS DER KÜNSTLER wurde von J. Zítek und. J. Schulz im Neorenaissancestil (1876-1884) als Sitz der Gemäldegalerie der Gesellschaft der patriotischen Kunstfreunde, des Kunstgewerbemuseums und des Musikkonservatoriums entworfen. Heute ist es Sitz der Tschechischen Philharmonie. Das Parlament der ČSR tagte hier 1918-1939 und 1945-1946.

LA MAISON DES ARTISTES les auteurs du projet sont J. Zítek et J. Schulz. La Maison a été bâti de 1876 à 1884 en styl néo-Renaissance pour devenir musée de peinture de la Société des amis de l'art patriotes et aussi Musée des arts décoratifs et Conservatoire national de musique. De nos jours, y siège aussi la Philharmonie tchèque. Le Parlement de la Tchécoslovaquie y tenait séance de 1918 à 1939 et de 1945 à 1946.

33. Tolika pověstmi opředené Pražské ghetto zmizelo na konci minulého století. Jen několik málo staveb zůstalo ze čtvrti, která byla po osm století dějištěm i svědkem časů rozkvětu i dob pronásledování pražských Židů. Mezi jeho zachovanými památkami patří k nejcennějším Staronová synagoga. Je nejenom jednou z vůbec prvních pražských gotických budov, ale především jednou z nejdůležitějších a nejproslulejších synagog celé Evropy. Jako rabíni v ní působili přední učenci pražské židovské obce, mezi nimi i Rabbi Löw, podle legendy tvůrce hliněného Golema.

33. So many legends have been woven around the Prague ghetto which vanished at the end of the century. Only a few of the buildings remain from the original quarter which was witnessed the flourishing and persecutions of Prague Jews for eight centuries. Among its preserved monuments belong the Old New Synagogue. It is not only one of the first Prague Gothic buildings, but one of the most important and famous synagogues of the whole Europe. One of foremost scholars of the Prague Jewish community, Rabbi Löw, worked there and, according to legend, created the clay Golem.

33. Das von so vielen Sagen umwobene Prager Ghetto verschwand am Ende des vorigen Jahrhunderts. Nur einige wenige Gebäude des Viertels, das acht Jahrhunderte Schauplatz und Zeuge der Blütezeiten, sowie der Verfolgung der Prager Juden war, blieben erhalten. Zu den wertvollsten seiner erhaltenen Denkmäler gehört die Altneusynagoge. Sie ist nicht nur eines der ältesten gotischen Gebäude Prags, sondern auch v. a. eine der wichtigsten und berühmtesten Synagogen in ganz Europa. Als Rabbiner wirkten hier führende Gelehrte der jüdischen Gemeinde, unter ihnen auch Rabbi Löw, der Sage nach Schöpfer der Lehmfigur Golem.

33. Le ghetto de Prague, entouré de tant de légendes, a disparu à la fin du siècle passé. Peu nombreux sont les bâtiments qui subsistent encore dans ce quartier qui avait été, pendant huit siècles, scène et témoin des époques de l'épanouissement aussi bien que des persécutions des Juifs de Prague. Parmi les monuments qui subsistent encore, le plus remarquable est la synagogue dite Vieille-Nouvelle. C'est non seulement un des premiers monuments gothiques de Prague, c'est aussi une des plus importantes et célèbres synagogues de l'Europe. Parmi les rabbins étaient des savants les plus éminents de la communauté juive de Prague, dont Rabbin Löw, d'après une légende auteur du Golem.

STARONOVÁ SYNAGOGA je dvoulodní raně gotická stavba, vzniklá kol. r. 1280, jejíž současná podoba byla dotvořena drobnými dostavbami ve 14. a 18. stol. Zachována zůstala i původní dispozice interiéru.

THE OLD NEW SYNAGOGUE is a tow-nave early Gothic building, built around 1280, whose contemporary shape was completed through minor ammendments in the 14th and 18th centuries. The original interior has been preserved.

DIE ALTNEUSYNAGOGE ist ein zweischiffiger, frühgotischer, um 1280 entstandener Bau. Endgültige Form gewann die Synagoge durch kleine Bauvollendungen im 14. und 18. Jh. Erhalten blieb auch der Innenraum.

LA SYNAGOGUE VIEILLE-NOUVELLE est une construction en style gothique primaire à deux nefs, datant de 1280; quelques éléments y ont été ajoutés au XIVe et au XVIIIe siècle. La disposition originale de l'intérieur est restée inchangée.

r. 1902

34. Od 15. do 18. století byli pražští Židé pohřbíváni na hřbitově nedaleko vltavského břehu. Na více než dvaceti tisících náhrobků a tumb tohoto hřbitova se odrážejí nejen dějiny pražských Židů čtyř století, ale jsou i mimořádnou památkou celé židovské kultury. Lze na nich sledovat vývoj židovského výtvarného umění stejně jako je možné z jejich nápisů vyčíst ledacos z osudů pohřbených. Leží tu proslulý talmudista Jehuda ben Bezalel zvaný Rabbi Löw, žijící v letech 1512-1609, historik a astronom David Gans (1541-1613), Galileův žák Josef Delmedigo (1591-1655) či sběratel hebrejských rukopisů a matematik David Oppenheim (1664-1736).

34. The Prague Jews were, from the 15th to the 18th centuries, buried in a cemetery near the bank of the Vltava. More than twenty thousand tombstones of this cemetery reflect not only the history of Prague Jews in four centuries, but are also an exceptional monument to the whole Jewish culture. It is possible to trace the development of Jewish fine arts as well as to quess the fates of the buried from their tombstone inscriptions. There lies the famous Talmud scholar, Jehuda Ben Bezalel, known as Rabbi Löw (1512-1609), the historian and astronomer David Gans (1541-1613), Galileo's disciple, Josef Delmedigo (1591-1655), and the collector of Hebrew manuscripts and mathematician David Oppenheim (1664-1736).

34. Vom 15. bis 18. Jh. wurden die Prager Juden auf einem Friedhof unweit des Moldauufers begraben. Mehr als 20 000 Grabsteine und Tumben dieses Friedhofs spiegeln nicht nur die Geschichte der Prager Juden innerhalb von 4 Jahrhunderten wider, sondern sie sind auch ein außerordentliches Denkmal der ganzen jüdischen Kultur. Man kann daran auch die Entwicklung der jüdischen bildenden Kunst verfolgen und etwas von den Schicksalen der Toten aus den Inschriften erfahren. Hier ruht der berühmte Talmudist Jehuda ben Bezalel, Rabbi Löw genannt, der 1512-1609 lebte; der Historiker und Astronome David Gans (1541-1613), Galileos Schüler Josef Delmedigo (1596-1655) oder Sammler hebräischer Handschriften und Mathematiker David Oppenheim (1664-1736).

34. A partir du XVᵉ jusqu`au XVIIIᵉ siècle, les Juifs de Prague ont été enterrés au cimetière fondé non loin de la Vltava. Les plus de vingt mille de pierres tombales et de monuments funéraires reflètent non seulement quatre siècles de l'histoire des Juifs de Prague, elles sont aussi un monument extraordinaire de toute la culture juive. On peut y suivre le développement de l'art juif et on peut aussi, en lisant les épitaphes, deviner quelque chose des sorts des enterrés. Le célèbre talmudiste Jehuda ben Bezalel, dit Rabbin Löw (1512 -1609) repose ici; l' historien et astrologue David Gans (1541-1613); le disciple de Galileo Josef Delmedigo (1591-1655); le bibliophile et collectionneur de vieux manuscrits et mathématicien David Oppenheim (1664 -1736).

STARÝ ŽIDOVSKÝ HŘBITOV byl od svého založení v první pol. 15. stol. několikrát rozšiřován a až na malé okrajové části se dochoval v úplnosti. Zdí byl obehnán v r. 1911.

THE OLD JEWISH CEMETERY has been extended several times since its foundation in the first half of the 14th century, and has been preserved in its entirety, except for small parts on the edges. It was surrounded by a wall in 1911.

DER ALTE JÜDISCHE FRIEDHOF wurde seit seiner Gründung in der ersten Hälfte des 14. Jh. mehrmals erweitert. Bis auf kleine Randteile blieb er ganz erhalten. Mit der Mauer umgeben wurde er im Jahre 1911.

LE VIEUX CIMETIÈRE JUIF-dès le début, dans la première moitié du XIVᵉ siècle, sa surface augmentait et sauf quelques parties au bord du cimetière, toute son étendu est conservée. Un mur l'entoure à partir de 1911.

35. Mezi sedmi dosud zachovanými historickými synagógami zaujímá zvláštní postavení na první pohled nezajímavá stavba na jižní straně starého hřbitova. Avšak uvnitř se skrývá velký a vzácný sál, do jehož gotického základu již proniká mnoho renesančních prvků. Je dokladem bohatství i vlivu, kterých dosáhli Židé v Praze v 16. století, kdy významně zasáhli do jejího kulturního a hospodářského života. A přesto ani tehdy se nevyhnuli pronásledování; roku 1541 byli z Prahy byť jen nakrátko vypovězeni. Tragiku jejich osudů v našem století dokládá na stěnách sálu 77 297 jmen českých Židů povražděných v nacistických koncentračních táborech.

35. A special position among the seven remaining synagogues is held by a seemingly uninteresting building at the southern side of the old cemetery. However, inside the old building lies hidden a large priceless hall whose Gothic base has been penetrated by many Renaissance features. It is evidence of the wealth and influence of the Jews in Prague in the 16th century, when they significantly participated in its cultural and economic life. Despite this, they did not escape persecution; in 1541 they were expelled from Prague, albeit for a short period. The tragic nature of their fate is reflected on the walls of the hall by the 77,297 names of Czech Jews murdered in the Nazi concentration camps.

35. Unter den sieben bis heute erhaltenen Synagogen nimmt er eine besondere Stellung ein, auch wenn er auf den ersten Blick ein uninteressanter Bau auf der Südseite des alten Friedhofs zu sein scheint. Im Inneren verbirgt sich nämlich ein großer und wertvoller Saal, dessen gotischer Grund viele Renaissanceelemente durchdringen. Er ist Beweis für den von Juden im 16. Jh. erreichten Reichtum und Einfluß, als sie bedeutend in Prags kulturelles und wirtschaftliches Leben hineingriffen. Trotzdem wi-

chen sie auch damals der Verfolgung nicht aus, 1541 wurden sie, wenngleich nur für kurze Zeit, aus Prag ausgewiesen. Die Tragik ihres Schicksals in unserem Jahrhundert bestätigen 77.297 Namen der tschechischen Juden an den Wänden des Saals, die in faschistischen Konzentrationslagern ermordet wurden.

35. Parmi les sept synagogues qui existent jusqu'à nos jours, une construction - du côté sud du vieux cimetière - est particulièrement remarquable, bien qu'on ne le pense pas à première vue. A l'intérieur, on découvre une vaste salle gothique, mais dans les détails, la Renaissance y pénètre déjà. C'est un témoignage de la richesse et de l'influence que les Juifs avaient gagnées à Prague au XVIe siècle, en prenant largement part à la vie culturelle et économique de la ville. Et pourtant, même à cette époque ils étaient persécutés; en 1541, ils ont été expulsés, mais pour peu de temps. Les tragédies qu'ils ont connues pendant notre siècle sont documentées sur les murs de cette salle par 77 297 noms des Juifs tchèques martyrisés dans les camps de concentrations nazis.

PINKASOVA SYNAGOGA byla založena r. 1479 a podstatně rozšířena v l. 1519-1535. Její původní podobu silně narušila velká přestavba z konce 17. stol. V 50. letech tohoto století byla synagoga upravena na Památník genocidy českých Židů podle návrhu arch. J. Johna a V. Boštíka.

THE PINCAS SYNAGOGUE was built in 1479 and considerably extended in 1519-1535. Its original shape was strongly distorted by a great reconstruction at the end of the 17th century. In the 1950s, the synagogue was ammended into the Memorial of the Genocide of Czech Jews, designed by the architects J. John and V. Boštík.

DIE PINKASSYNAGOGE wurde 1479 gegründet und in den Jahren 1519-1535 grundsätzlich erweitert. Ihre ursprüngliche Form wurde von einem großen Umbau am Ende des 17. Jh. stark verletzt. In den 50. Jahren dieses Jahrhunderts wurde die Synagoge in eine Gedenkstätte des Genozids der tschechischen Juden, u. z. nach Plänen von Architekten J. John und V. Boštík, umgewandelt.

LA SYNAGOGUE PINKAS a été fondée en 1479 et considérablement agrandie en 1519 - 1535. Une importante reconstruction de la fin du XVIIe siècle a assez altéré son aspect originel. Dans les années cinquante de notre siècle la synagogue a été aménagée, d'après les projets de J. John et V. Boštík, en Mémorial de la génocide des Juifs tchèques.

36. Tady stávalo staré pražské ghetto, zvané také Josefov. Spleť úzkých uliček plných domů a domků natlačených na sebe za staletí, během nichž se ghetto nesmělo rozšiřovat. A byly to právě potřeby rozrůstající se Prahy, která usilovala stát se moderním městem po vzoru Vídně a Paříže, jimž Josefov musel nakonec ustoupit. A tak se ve středu historické Prahy objevila rovná a široká třída, jež měla být částí zamýšleného bulváru spojujícího Václavské náměstí se Stromovkou. K jeho realizaci naštěstí nedošlo a Praha si uchovala svůj historický ráz. Jen uprostřed ní zůstal maličký kousek Paříže...

36. Here stood the old Prague ghetto, also known as Josefov. A labyrinth of narrow streets full of houses of every shape and size were forced to huddle together in the course of centuries, because the ghetto was unable to expand. Prague was planned as a modern town like Vienna and Paris, and so Josefov had to give way to the needs of the growing city. A straight and wide street appeared in the middle of historical Prague which was to be a part of a boulevard connecting Wenceslaus square to the Stromovka Park. The boulevard was fortunately not completed, however, and Prague has retained its historical character. Only a little part of Paris remained.

36. Hier stand das alte Prager Ghetto, auch Josefstadt genannt. Ein Labyrinth von Gassen voller Häuser und Häuschen, während der Jahrhunderte aufeinandergepreßt, denn das Ghetto durfte nicht erweitert werden. Das wachsende Prag strebte danach, eine moderne Stadt wie Wien und Paris zu werden. Diesen Bedürfnissen mußte die Josefstadt weichen. So entstand im Zentrum des historischen Prags eine gerade breite Straße, die Bestandteil des geplanten, den Wenzelsplatz mit der Stromovka verbindenden Boulevards sein sollte. Zum Glück kam es nicht zu seiner Realisierung, und Prag behielt ihr historisches Gepräge. Nur in seiner Mitte blieb ein kleines Stück von Paris...

36. Ici se trouvait le vieux ghetto de Prague, appelé aussi Josefov. Un labyrinthe de ruelles étroites, de maisons et maisonnettes entassées pendant des siècles où il était interdit d'agrandir la surface du ghetto. Mais plus tard, Josefov devait céder aux exigeances de la ville de Prague qui s'agrandissait et aspirait à devenir une ville moderne comme Vienne et Paris. Dans le centre historique de Prague une

longue et large rue est apparue - partie d'un boulevard qui devait relier la place Venceslas et le grand parc - Stromovka. Heureusement, le projet n'a pas été réalisé et Prague n'a pas perdu son cachet. Mais au centre de la ville, un tout petit bout de Paris est resté.

PAŘÍŽSKÁ TŘÍDA byla stavěna v l. 1889-1906. Její činžovní domy jsou postaveny v eklektických stavebních slozích přelomu století i ve stylu české secese a jejich architektonický význam je teprve nyní zpětně doceňován.

PAŘÍŽSKÁ STREET was built in 1889-1906. Its houses were built in eclectic architectural styles, including Art Nouveau, and their architectural value is now acknowledged.

DIE PARISER STRAßE wurde 1889-1906 gebaut. Ihre Mietshäuser sind in eklektischen Baustilen der Jahrhundertwende und im tschechischen Jugendstil erbaut, deren architektonische Bedeutung erst jetzt voll gewürdigt wird.

AVENUE DE PARIS a été construite de 1889 à 1906. Ses immeubles sont de styles éclectiques, typiques pour la fin du XIXe et le début de notre siècle, ou bien de style Art nouveau tchèque. Ce n'est qu'à présent que leur importance architecturale commence à être appréciée.

r. 1769

37. Trvalým centrem Starého Města pražského je Velký rynek, dnes nazývaný Staroměstské náměstí. Nejprve to bylo tržiště s celnicí v místech dnešního Ungeltu za Týnským chrámem, později se k jeho významu obchodnímu připojil i význam politický - to když se v 15. století Staré Město proměnilo v mluvčího celého městského stavu na zemských sněmech, a stalo se tak výrazným politickým činite-lem. Mnohé se odehrálo na čtvercové ploše tohoto náměstí; střídaly se tu okamžiky dějinné velikosti s chvílemi krutých pádů. Ale více bylo a je událostí a dnů všedních: lidé tu dnes jako tehdy spěchají i odpočívají, nakupují i přihlížejí, řeční i naslouchají. Prostě žijí i prožívají.

37. The permanent centre of the Old Town is Velký rynek square, better known as the Old Town Square. It was a former marketplace with a custom house on the site of the present-day Merchants' House behind the Týn cathedral, and later became not only a business but also a political centre. In the 15th century, the Old Town became a speaker for the whole Burgher state at the country's assemblies and began to be politically important. The area of the square has seen many events. The moments of historical greatness alternated, however, with moments of cruel defeats. But most of its days are ordinary. Today, people hurry across the square, or linger, shop, look about, speak and listen, or simply live and experience the the full glory or the square.

37. Das beständige Zentrum der Prager Altstadt ist der Große Ring, jetzt Altstädter Ring genannt. Zuerst war er ein Marktplatz mit einem Zollamt, an der Stelle des heutigen Ungelt, hinter der Teyn- kirche. Später gewann er zu seiner Handelsbedeutung auch eine politische hinzu, u. z. als die Vertre- ter der Altstadt im 15. Jh. zu Sprechern des ganzen Bürgertums auf den Landtagen, und deshalb zu ei- ner bedeutenden politischen Kraft wurden. So manches spielte sich auf diesem Platz ab; große historische Momente wechselten sich mit Stunden des harten Zusammenbruchs ab. Aber nichts desto trotz wird das Treiben dort hauptsächlich vom Alltäglichen beherrscht. Die Leute hasten und ra- sten heute wie damals, sie kaufen ein, sehen zu, reden und hören zu. Sie leben einfach und erleben.

37. C'est la Grande place, aujourd'hui Place de la Vieille Ville, qui était de tout temps centre de la Vieille Ville de Prague. D'abord un marché et un poste de douane - là où se trouve à présent Ungelt, derrière l'église de Týn - plus tard l'importance politique s'est alliée à l'importance commerciale: au XVe siècle la Vieille Ville est devenue porte-parole de toute la bourgeoisie dans la Diète. Cette place carrée était témoin des jours glorieux qui alternaient avec des jours de déchéance atroce. Mais il y avait et il y a plus de jours où il ne se passe rien d'extraordinaire; jadis comme aujourd'hui on se dépêche ou bien on se repose, on fait des courses ou tout simplement on regarde; il y a des orateurs et il y en a qui les écoutent. Tout simplement on vit ou on se laisse vivre.

Svou dnešní podobu má **STAROMĚSTSKÉ NÁMĚSTÍ** z konce 19. stol., kdy do jeho vzhledu výrazně zasáhl vznik Pařížské třídy a novogotická dostavba Staroměstské radnice. Jinak tu ale najdeme všechny stavební slohy počínaje románským až po architekturu našeho století.

The present shape of the **OLD TOWN SQUARE** is from the end of the 19th century when it was significantly influenced by the construction of Pařížská street and the neo-Gothic ammendments of the Old Town Hall. Otherwise we can find here all the architectural styles from the Romanesque to that of our century.

Seine heutige Form hat der **ALTSTÄDTER RING** seit Ende des 19. Jh. Damals griffen die Entstehung der Pariser Straße und der neugotische Umbau des Altstädter Rathauses in seine Gestalt ein. Sonst finden wir hier alle Baustile vom romanischen bis zur Architektur unseres Jahrhunderts.

L'aspect actuel de **LA PLACE DE LA VIEILLE VILLE** est empreint de l'influence de la fin du XIXe siècle-de la rue Pařížská et la transformation néo-gothique de l'Hôtel de ville. Par ailleurs, on y trouve tous les styles, en commençant par le roman jusqu'a'l'architecture de notre siècle.

r. 1793

kolem r. 1870

38. Ostré věže Týnského chrámu dominují nejen Staroměstskému náměstí, ale celému Starému Městu. Však také jde o hlavní farní kostel tohoto pražského města, s jehož stavbou bylo započato v době velkého stavebního ruchu za Karla IV. O necelé století později však jeho význam ještě vzrostl; chrám se stal sídlem prvního a jediného pražského husitského arcibiskupa Jana Rokycany. Na průčelí kostela byla tehdy také umístěna socha husitského krále Jiřího z Poděbrad - a o další jedno a půl století později se osudy národa i státu odrazily na týnském průčelí znovu. Na místě královy sochy se objevila socha P. Marie, jejíž zář byla zhotovena ze zlata velkého zlaceného kalicha, stojícího do té doby ve výklenku nad sochou Jiříkovou. Tempora mutantur...

38. The sharp towers of the Týn cathedral dominate not only the Old Town square but the whole of the Old Town. It is the main parochial church of this Prague district. Its construction was begun in the building frenzy under Charles IV. Less than a century later, its importance rose even more; the cathedral became the seat of the first and only Prague Hussite archbishop, Jan Rokycana. On the facade of the church was

placed the statue of the Hussite king George of Poděbrady - and one and a half centuries later, the destiny of the nation and the state were reflected on the facade of the cathedral once again. In place of the king's statue appeared that of the Virgin Mary, whose halo was made of the gold from the large golden chalice standing until then in the niche above George's statue. Tempora mutantur...

38. Die Spitzentürme der Teynkirche beherrschen nicht nur den Altstädter Ring, sondern auch die ganze Altstadt. Es handelt sich ja um die Hauptkirche dieser Prager Stadt, deren Bau in der Zeit des großen Bauaufschwungs während der Regierung Karls IV. begonnen wurde. Nicht ganze hundert Jahre später vergrößerte sich ihre Bedeutung noch mehr; die Kirche wurde zum Sitz des ersten und einzigen hussitischen Prager Erzbischofs Jan Rokycana. An der Stirnseite der Kirche wurde damals eine Statue des Hussitenkönigs Jiří von Poděbrady gestellt. Anderthalb Jahrhunderte später spiegelte sich das Schicksal des Volkes und des Staates an der Teynstirnseite aufs Neue wider. An der Stelle der Königsstatue erschien die Plastik der Jungfrau Maria, deren Heiligenschein aus dem Gold eines großen vergoldeten, bis zu der Zeit in der Nische über der Figur Jiřís stehenden Kelches, gemacht war. Tempora mutantur...

38. Les clochers élancés de l'église de Týn dominent non seulement la place, mais toute la Vieille Ville. C'est la principale église paroissiale de cette ville de Prague. Elle remonte au temps de grandes activités artistiques de l'époque de Charles IV. Un siècle plus tard, son importance s'est encore accrue: y siégeait le premier - seul et unique - archevêque hussite pragois Jan Rokycana. C'était à ce moment qu'a été placée, sur la façade avant de l'église, la statue du roi hussite Georges de Poděbrady. Un siècle et demi après, cette façade a changé encore une fois; elle reflétait le cours de l'historie de la nation et de l'Etat: la statue du roi a été remplacée par celle de la Vierge, l'or d'un grand calice doré, jusque-là placé au-dessus de la statue de Georges de Poděbrady, a servi pour fabriquer l'auréole de la Vierge. Tempora mutantur...

Farní **KOSTEL P. MARIE PŘED TÝNEM** byl založen v pol. 14. stol. a stavba byla dokončena až r. 1511. Po požáru r. 1679 byla nově zaklenuta hl. loď; další velký požár r. 1819 zničil severní věž, která byla znovu postavena r. 1835. V hlavní lodi kostela je pohřben slavný astronom Tycho de Brahe.

THE CHURCH OF THE VIRGIN MARY OF TÝN was built in the mid-14th century, but the construction was finished only in 1511. The nave was rerooved after a fire in 1679, and the nordhurn tower rebuilt in 1835 after the great fire of 1819. The famous astronomer Tycho de Brahe is buried in the nave of the church.

DIE TEYNKIRCHE wurde in der Mitte des 14. Jh. gegründet und erst 1511 beendet. Nach einem Brand 1679 wurde das Hauptschiff neu eingewölbt, das nächste große Feuer 1819 vernichtete den Südturm, der 1835 wieder erneuert wurde. Im Hauptschiff der Kirche ist der berühmte Astronom Tycho de Brahe begraben.

L'ÉGLISE NOTRE-DAME-DEVANT-TÝN fondée vers le milieu du XIVᵉ siècle, a été terminée en 1511. Après l'incendie de 1679, elle a été dotée d'une nouvelle voûte; un autre incendie en 1819 a détruit la tour nord; elle a été reconstruite en 1835. Dans la nef principale de cette église est enterré le célèbre astronome Tycho de Brahe.

39. Mnohé události pražských i českých dějin jsou spojeny s radnicí Starého Města. Tady byl sťat radikální husitský vůdce Jan Želivský, tady byl českým králem zvolen Jiří z Poděbrad, tady byli před svou popravou vězněni vůdci českého stavovského odboje 1618-1620, zde za květnového povstání r. 1945 krátce sídlila Česká národní rada. A za jejím významem politickým nezůstává pozadu ani její význam kulturní. Sem směřují kroky turistů, aby zhlédli mistrovské hodinářské dílo 15. století, světoznámý pražský orloj, sem chodí lidé za výstavami pořádanými v historických radničních prostorách, sem míří i oficiální návštěvy ke slavnostním přijetím pražským primátorem. Ale radnice už není skutečným centrem městské samosprávy, zůstala jí jenom funkce reprezentační, společenská a kulturní.

39. Many events of Prague and Czech history are connected with the Town Hall of the Old Town. Here the radical Hussite leader, Jan Želivský, was beheaded, George of Poděbrady was elected Czech king, the leaders of the Czech state rebellion in 1618-1620 were imprisoned before their execution, and the Czech National Council located its headquarters there during the May 1945 uprising. No less important is its cultural function; visitors now come to see the world-famous 15th century Astronomical clock and exhibitions organised in the historical rooms. Official visitors are ceremonially welcomed by the Mayor of Prague here, and although the Town Hall is not a real administrative centre of Prague, it still has a large representative social and cultural function.

39. Manche Begebenheiten der Prager und böhmischen Geschichte sind mit dem Altstädter Rathaus verbunden. Hier wurde der radikale Hussitenführer Jan Želivský hingerichtet; hier wurde Jiří von Poděbrady zum böhmischen König gewählt, vor ihrer Hinrichtung wurden hier Führer des böhmischen Ständeaufstandes 1618-1620 in Haft gehalten, während des Maiaufstandes 1945 hatte hier der Tschechische Nationalrat kurz seinen Sitz. Hinter seiner politischen Bedeutung bleibt auch die kulturelle Bedeutung nicht zurück. Es ist Ziel vieler Touristen, die sich das Meisterwerk eines Uhrmachers aus dem 15. Jh. ansehen wollen - die weltberühmte Aposteluhr, hierher kommen Leute in die, in den historischen Rathausräumen veranstalteten, Ausstellungen, hier werden auch offizielle Besucher vom Prager Bürgermeister feierlich empfangen. Aber das Rathaus ist kein echtes Zentrum der Stadtverwaltung mehr, es blieb ihm nur die repräsentative, gesellschaftliche und kulturelle Funktion.

39. Très souvent l'Hôtel de ville de la Vieille Ville de Prague a été le théâtre des événements historiques. Jan Želivský, chef hussite radical, y a été décapité; Georges de Poděbrady y a été élu roi de Bohême; les chefs de la révolte des nobles (de 1618 -1620) y ont été emprisonnés avant d'être exécutés; pendant le soulèvement de mai 1945 y a siégé le Conseil national tchèque. Et l'importance culturelle de l'Hôtel de ville égale son importance politique: les touristes dirigent leurs pas vers cet Hôtel pour voir la célèbre horloge de la Vieille Ville de Prague, chef-d'oeuvre de l'horlogerie du XVe siècle; on visite des expositions installées dans les salles historiques de l'Hôtel, les personnages officielles y viennent pour être solennellement reçus par le maire de Prague. Mais l'Hôtel n' est plus le centre administratif communal, son rôle n'est plus que représentatif, social et culturel.

Stavebním jádrem **STAROMĚSTSKÉ RADNICE** je nárožní gotický dům Volfina od Kamene zakoupený městem r. 1338, k němuž byla záhy přistavěna věž. K němu byla v následujících staletích připojena řada dalších budov; dnes tvoří radnici soubor pěti domů. Radnice byla těžce poškozena 8. května 1945, kdy shořelo její východní novogotické křídlo z let 1838-1848 a vyhořela věž a vážně byl poškozen i orloj.

The architectural centre of the **OLD TOWN'S HALL** is the Gothic house of Volfin of Kámen, bought by the town in 1338, and the tower which was added to it soon after. In the following century, many other buildings were added to it, so that today, the Town Hall consists of five buildings. The Town Hall was heavily damaged on May 8th, 1945, when its eastern neo-Gothic wing from 1838-1848 burned down, as did the tower, and seriously damaging the astronomical clock.

Baukern des **ALTSTÄDTER RATHAUSES** ist das gotische Eckhaus Volfins von Kámen, 1338 von der Stadt gekauft. Dazu wurde bald ein Turm hinzugebaut. In den nächsten Jahrhunderten kamen weitere Gebäude hinzu; heute wird das Rathaus von fünf Häusern gebildet. Am 8. Mai 1945 wurde es schwer beschädigt. Sein neugotischer Ostflügel aus den Jahren 1838-1848 und der Turm brannten ab, ernst beschädigt wurde auch die Aposteluhr.

Le noyau architectural de **L'HÔTEL DE VILLE DE LA VIEILLE VILLE** est la maison gothique de Volfin od Kamene, achetée par la ville en 1338, à laquelle a été bientôt ajoutée une tour. Au cours des siècles suivants, nombre d' autres bâtiments y ont été ajoutés; à présent, l'Hôtel est un ensemble de 5 maisons. Le 8 mai 1945 son aile est néo-gothique a été détruite par le feu, de même que la tour, et l'horloge a été gravement endommagée.

40. Svůj svatomikulášský kostel má i Staré Město pražské. Nádherná barokní stavba se složitou vnitřní architekturou byla v první polovině 18. století postavena na místě daleko staršího kostela připomínaného již ve druhé polovině 13. století, kdy tento kostel nebyl jenom místem církevních obřadů, ale i shromaždištěm pražské městské obce a centrem její správy, tedy jakousi radnicí. Význam tohoto kostela pak dále poklesl po vysvěcení Týna a - to už nový, barokní kostel - byl za Josefa II. ke konci 18. století dokonce odsvěcen a proměněn, jako tolik jiných církevních staveb, ve skladiště a potom i koncertní síň vojenské kapely. Znovu vysvěcen byl až roku 1871, kdy byl předán pravoslavné církvi; dnes jej užívá československá církev husitská.

40. The Old Town also has its own St. Nicholas church. This wonderful Baroque building with a complex interior architecture was built in the first half of the 18th century and replaced the much older above-mentioned church from the second half of the 13th century.This church had been not only the place for many religious ceremonies, but also the assembly of the Prague town and its administrative centre, a kind of town hall. The importance of this church - a new, Baroque church - was diminished by the consecration

of the Týn cathedral under Josef II at the end of the 18th century. It was desecrated and altered, as were many other religious buildings, into a storehouse, and even later into a concert hall for the military band. It was reconsecrated in 1871 and given over to the Orthodox church. Today, it is used by the Czechoslovak Hussite church.

40. Auch die Prager Altstadt hat ihre St. Niklas-Kirche. Der herrliche Barockbau mit komplizierter innerer Architektur wurde in der ersten Hälfte des 18. Jh. an einer Stelle einer viel älteren Kirche erbaut. Diese wird bereits in der zweiten Hälfte des 13. Jh. erwähnt. Damals diente sie nicht nur den religiösen Zwecken, sondern auch als Sammelplatz der Prager Stadtgemeinde und als Verwaltungszentrum, und somit sie zu einer Art Rathaus wurde. Die Bedeutung dieser Kirche sank nach der Einweihung der Teynkirche. Die neue, schon barocke Kirche wurde unter Josef II. sogar entweiht und wie viele andere kirchliche Gebäude in ein Lager und später in einen Konzertsaal einer Militärkapelle umgewandelt. Neu eingeweiht wurde sie erst 1871, als sie der orthodoxen Kirche übergeben wurde. Heute wird sie von der Tschechoslowakischen Hussitenkirche ausgenutzt.

40. La Vieille Ville de Prague a, elle aussi, son église Saint-Nicolas. Cet édifice baroque magnifique d'une architecture intérieure riche et complexe, a été construite dans la première moitié du XVIIIe siècle à l'emplacement d'une église beaucoup plus ancienne, mentionnée déjà dans la deuxième moitié du XIIIe siècle où l'église n'était pas qu'un lieu de cérémonies religieuses, mais aussi un lieu de rassemblement de la commune et un centre de son administration, c'est-à-dire une sorte de mairie. L'importance de cette église continuait à diminuer après la consécration au culte de l'église N.-D.-devant-Týn. A la fin du XVIIIe siècle, sous le règne de Joseph II, cette nouvelle église baroque a été désacralisée et transformée, comme d'autres édifices de l'Eglise, en entrepôt, plus tard en salle de concerts de la musique militaire. Elle a été de nouveau consacrée en 1871; après avoir appartenue à l'Eglise orthodoxe, elle est, à présent, propriété de l'Eglise tchécoslovaque hussite.

CHRÁM SV. MIKULÁŠE NA STARÉM MĚSTĚ byl postaven podle plánů K. I. Dienzenhofera v l. 1732-1735. Je bohatě zdoben sochařskou výzdobou od A. Brauna a B. Šimonovského, štukem B. Spinettiho a malbami K. D. Asama, F. Naskeho a A. Wierera. Křišťálový lustr je dílem Harrachovských skláren v Krkonoších z konce 19. stol. V budově prelatury býv. benediktinského kláštera přiléhající ke kostelu se narodil Franz Kafka.

THE ST. NICHOLAS CATHEDRAL IN THE OLD TOWN was built following the plans of K. I. Dienzenhofer in 1732-1735. It is richly decorated by the statues of A. Braun and B. Šimonovský, by the stucco of B. Spinetti, and by the paintings of K. D. Asam, F. Naske and A. Wierer. The crystal chandelier was made in the Harrachov glassworks in the Giant mountains at the end of the 19th century. Next door, in the building of the prelate's office of the former Benedictine monastery, Franz Kafka was born.

DIE ST. NIKLAS-KIRCHE IN DER ALTSTADT wurde nach den Plänen K. I. Dienzenhofers 1732-1735 erbaut. Sie ist mit Statuen von A. Braun und B. Šimonovský, der Stukkatur von B. Spinetti und Gemälden von K. D. Asam, F. Naske und A. Wierer reich verziert. Der Kristallüster ist ein Werk der Glashütte in Harrachov im Riesengebirge vom Ende des 19. Jh. Im Gebäude der Prälatur des ehemaligen, an der Kirche anliegenden Benediktinerklosters wurde Franz Kafka geboren.

L'ÉGLISE SAINT-NICOLAS DE LA VIEILLE VILLE a été construite d'après les plans de K. I. Dienzenhofer de 1732-1735. Elle est richement décorée de statues de A. Braun et B. Šimonovský, de stucs de B. Spinetti et des peintures de K. D. Asam, F. Naske et A. Wierer. Le lustre à cristaux est une oeuvre des verreries de Harrachov, elle date de la fin du XIXe siècle. Dans la maison du prélat de l'ancien monastère des bénédictins, contigu à l'église, est né Franz Kafka.

41. Právě sem, na Staroměstské náměstí, bylo již na počátku dvacátého století rozhodnuto umístit pomník M. Jana Husa. Tady bylo přece sídlo husitského arcibiskupa, zde byl popraven Želivský i sta- vovští vůdci, sem tedy patří pomník toho, jenž pro národ symbolizuje tradici nezávislého a svobod- ného myšlení. Velký pomník, plný symboliky, byl ale odhalen až při příležitosti pětistého výročí upá- lení velkého reformátora roku 1915. Z pláště hrdě vzdorujícího Husa se odvíjejí v pásu symbolických postav další české dějiny od husitské revoluce, přes úpadek národa v 17. a 18. století až po jeho nové vzkříšení v době národního obrození v 19. století.

41. It was decided at the beginning of the 20th century to place the Jan Hus memorial right here on the Old Town square. This was the seat of the Hussite archbishop, this was the place where Želivský and other estate leaders were executed. Here the memorial of the personality that became a symbol of the tradition of independent and free thinking was to be placed. The giant memorial sculpture, full of symbolic

elements, was unveiled on the occasion of the five hundredth anniversary of the great reformer's burning at the stake in 1915. Czech history since the Hussite revolution is depicted through several symbolic figures standing next to the proudly rebellious Hus in an opened mantel, including the decay of the nation in the 17th and 18th centuries, and its resurrection in the period of the National Revival in the 19th century.

41. Schon am Anfang des 20. Jh. hatte man sich entschlossen, gerade auf diesen Platz, auf den Altstädter Ring, ein Hus-Denkmal zu stellen. Hier war ja der Sitz des Hussitenerzbischofs, hier wurden Želivský und die Ständeführer hingerichtet, hierher gehörte also das Denkmal dessen, der für das Volk die Tradition des unabhängigen, freien Denkens symbolisiert. Das große Denkmal, voll von Symbolik, wurde aber erst anläßlich des 500. Jubiläums der Verbrennung des großen Reformators im Jahre 1915 enthüllt. Aus dem Mantel des stolz trotzenden Hus treten symbolische Figuren hervor, die die weitere tschechische Geschichte der Hussitenrevolution, über den Verfall im 17. und 18. Jh. bis zu der neuen Auferstehung der Nation in der Zeit der nationalen Wiedergeburt im 19. Jh., darstellen.

41. Des le début du XXe siècle, la décision a été prise d'ériger un monument à la mémoire de Jean Huss - ici, sur la place de la Vieille Ville, parce que c'est ici qu'avait été le siège de l'archevêque hussite; c'est le lieu de l'exécution de Jan Želivský et des chefs de la révolte des nobles contre le roi; c'est donc le meilleur endroit pour un monument à la mémoire de celui qui symbolise pour la nation la tradition de la pensée indépendante et libre. Ce grand monument riche en symboles n' a pourtant pas été inauguré qu'en 1915, à l'occasion du 500e anniversaire du suplice de ce grand réformateur. Autour de la cape de Huss au geste d'un homme fièrement résistant, on voit un cortège de personnages symbolisant l'histoire tchèque à partir de la révolution hussite en passant par le déclin de la nation au XVIIe et XVIIIe siècles jusqu'à sa nouvelle résurrection au temps de la renaissance nationale au XIXe siècle.

POMNÍK M. JANA HUSA byl postaven v l. 1903-1915 podle návrhu L. Šalouna. Bronzové secesní sousoší je umístěno na rozlehlém kamenném podstavci nesoucím úryvky z Husova díla.

THE JAN HUS MEMORIAL was built in 1903-1915, designed by L. Šaloun. The bronze Art Nouveau sculptural group is placed on a large stone pedestal covered with quotations from Hus's works.

DAS MAGISTER JAN HUS' DENKMAL entstand 1903-1915 nach dem Entwurf L. Šalouns. Die bronzene Jugendstilstatuengruppe steht auf einem großen, mit Zitaten aus Hus'Werken beschrifteten Steinsockel.

LE MONUMENT JEAN HUSS réalisé de 1903 à 1915, est une oeuvre de L. Šaloun. Le groupe de sculptures en bronze, de style Art nouveau, est érigé sur un vaste socle sur lequel sont gravés des extraits de l'oeuvre de Jean Huss.

42. Obyvatelé Prahy i její návštěvníci procházejí touto ulicí již po osm století. Tudy do ní přicházeli kupci z východních Čech i severních zemí směřující na centrální pražské tržiště, procházely jí i průvody českých králů při korunovačních jízdách vjíždějící do města a směřující na Hrad, ale projížděly jí i královy družiny jdoucí buď do královského paláce - Králova dvora, který stál na jejím konci u městských hradeb, anebo naopak z něho vyjíždějící. Není tedy divu, že se tu setkáváme s velmi výstavnými měšťanskými domy i s bohatými šlechtickými paláci.

42. Both the inhabitants and visitors of Prague have been walking through this street for already eight centuries. Through this street arrived the merchants from eastern Bohemia and from the northern countries to the central Prague marketplace. It was a part of the Czech kings' coronation processions, and it also guided the king's train on its way to the Royal Court near the town walls. It is no wonder that we can see here the imposing burghers' houses and rich noblemen's palaces.

42. Die Einwohner sowie Besucher Prags gehen schon acht Jahrhunderte durch diese Straße. Durch sie kamen Kaufleute aus Ostböhmen oder aus den nördlichen Ländern, die zum zentralen Prager Marktplatz zielten, durch sie gingen auch Krönungsumzüge der böhmischen Könige, die zur Burg führten, hier ritten aber auch des Königs Gefolge entweder in den Königspalast an ihrem Ende an der Stadtmauer oder aus ihm hinaus. Kein Wunder, daß man hier sehr schöne Bürgerhäuser und reiche Adelspaläste sieht.

42. Depuis huit siècles, les habitants et les visiteurs de Prague sont passés par cette rue. Par là passaient les marchands de l'Est de la Bohême et des pays du Nord pour arriver aux marchés du centre de Prague; par là entraient aussi les cortèges des rois de Bohême à l'occasion des couronnements, se di-

rigeant vers le Château; par là passaient aussi les suites du roi pour aller au palais des rois - la Cour des rois - qui se trouvait au bout de cette rue près des remparts. Rien d'étonnant qu'on peut y admirer de très belles maisons bourgeoises de même que de riches palais de la noblesse.

Mezi stavebně nejpozoruhodnější budovy v **CELETNÉ ULICI** patří *palác bývalé mincovny* (čp. 587) z r. 1759, pozdně barokní *palác Hrzánů z Harasova* (čp. 558) z l. 1702-1710 od G. B. Alliprandiho, též barokní *palác Millesimovský* (čp. 597) z pol. 18. stol., stejně jako tzv. *Manhartovský či Šrámkův dům* (čp. 595) postavený po r. 1700 nebo *dům Sixtův* (čp. 553).

The architecturally most remarkable buildings in **CELETNÁ STREET** are the *Palace of the Former Mint* (no. 587) from 1759, the late Baroque *Palace of the Hrzán Family of Harasov* (no. 558) from 1702-1710, by G. B. Alliprandi, the Baroque *Millesimovský Palace* (no. 597) from the mid-18th century, as well as the so-called *Manhartovský* or *Šrámek House* (no. 595), built after 1700, and *Sixtus House* (no. 553).

Zu den architektonisch bemerkenswertesten Gebäuden in der **CELETNÁ-GASSE** gehören der spätbarocke *Palast der ehemaligen Münzanstalt* (Nr. 587) aus dem Jahre 1759, *das Palais Hrzán von Harasov* (Nr. 558) aus den Jahren 1702-1710 von G. B. Alliprandi, das *Palais Millesimo* (Nr. 597) aus der Hälfte des 18. Jh., sowie das sog. *Manhart- oder Šrámek-Haus* (Nr. 595), erbaut nach 1700, oder das *Sixt-Haus* (Nr. 553).

Parmi les édifices les plus intéressants de **la RUE CELETNÁ** se fait remarquer le palais de l'ancien *Hôtel de la Monnaie* (No 587) de 1759; de *palais Hrzán de Harasov* (No 558) du baroque tardif, de 1702 à 1710, par G. B. Alliprandi; *le palais baroque Millesimo* (No 597) du milieu du XVIIIe siècle; *la maison Manhart* dite aussi *Šrámek* (No 595) construite après 1700; et *la maison Sixt* (No 553).

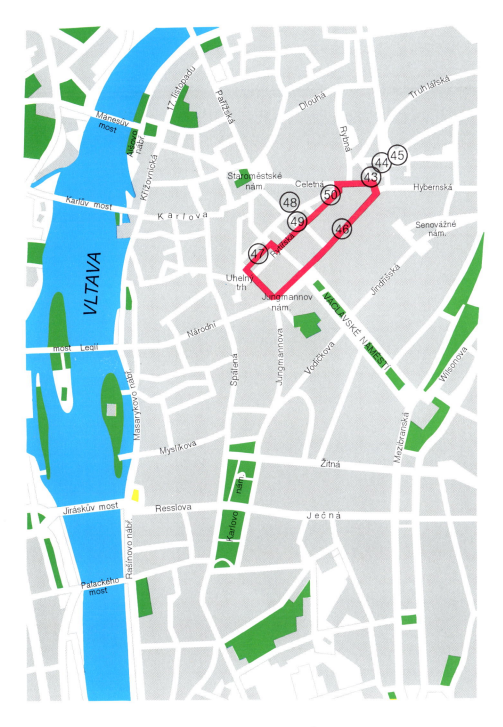

(43) Prašná brána

(44) Obecní dům

(45) Náměstí Republiky

(46) Na Příkopě

(47) Kotce

(48) Karolinum

(49) Stavovské divadlo

(50) Ovocný trh

43. Jediná plně zachovalá brána staroměstského opevnění je dnes zcela zasazena do novověké architektury města. Obklopuje ji rušný život obchodního centra a dávno pryč jsou doby, kdy osamoceně stála nad nepříliš udržovaným fortifikačním příkopem. Její obranný význam byl ostatně malý, vždyť před ní leželo Nové Město a nikoli volná krajina. A tak svůj původní účel ztratila daleko dříve než ostatní městské brány a přes dvě století již střeží vchod do ulic a uliček Starého Města jen symbolicky.

43. The only fully-preserved gate of the Old Town fortifications is today a complete part of the New Age architecture of the city, surrounded by the busy life of the business centre. The times are gone when it would stand alone above the neglected fortification moat. Its defensive value has been minimal since

the New Town grew on its other side two centuries ago, pushing the city's edge further into the countryside, and so it guards the Old Town entrance only symbolically. The other Prague defensive gates remained effective much longer.

43. Das einzige, voll erhaltene Tor der Altstädter Befestigung ist heute ganz in die neuzeitliche Stadtarchitektur eingesetzt. Umgeben ist es vom regen Leben des Handelszentrum. Weit weg ist die Zeit, als es ganz allein über dem nicht besonders gepflegten Fortifikationsgraben stand. Seine Wehrbedeutung war allerdings klein, denn vor ihm lag die Neustadt und keine freie Landschaft. So verlor es seinen ursprüglichen Zweck viel früher als andere Stadttore und hütet den Eingang in die Gassen und Gäßchen der Stadt mehr als zwei Jahrhunderte nur symbolisch.

43. Une porte de fortifications, la seule conservée en bon état, est encadrée aujourd'hui par l'architecture moderne. La vie animée d'un centre d'affaires l'entoure. Il y a bien longtemps, elle s'élevait, isolée, au-dessus d'un fossé pas très entretenu des fortifications. Son rôle de défense était d'ailleurs assez insignifiant, car devant elle ne s'étendait pas rase campagne, mais la Nouvelle Ville. Beaucoup plus tôt que les autres portes de la ville, elle est devenue inutile et depuis plus de deux siècles, ce n'est que symboliquement qu'elle garde l'entrée dans les rues et ruelles de la Vieille Ville.

PRAŠNÁ BRÁNA byla založena r. 1475, ale její stavba byla brzy zastavena a věž zůstala nedokončena. Její vchod je z r. 1592. R. 1757 byla těžce poškozena pruskou dělostřelbou a o více než století později, v l. 1875-1886 novogoticky přestavěna a dostavěna včetně vytvoření nové sochařské výzdoby arch. J. Mockerem.

THE POWDER TOWER was founded in 1475 but its construction was soon interrupted and the tower remained unfinished. Its entranceway comes from 1592. The gate was heavily damaged by Prussian artillery in 1757 and it was rebuilt and completed in 1875-1886, including the creation of new sculptural ornamentation by the architect J. Mocker.

DER PULVERTURM wurde 1475 gegründet, aber dessen Bau wurde bald stillgelegt, und der Turm blieb unvollendet.Sein Eingang ist aus dem Jahre 1592. 1757 wurde er von preußischer Kanonade schwer beschädigt. Um mehr als hundert Jahre später (1875-1886), wurde er neugotisch umgebaut, vollendet und mit Plastiken vom Architekten J. Mocker ergänzt.

LA TOUR POUDRIÈRE a été fondée en 1475, mais les travaux on été bientôt interrompus et la tour est restée inachevée. Son entrée date de 1592. En 1757 elle a été gravement endommagée par l'artillerie prussienne. Un siècle plus tard, de 1875 à 1886, sa construction a été terminée, rebâtie en style néo-gothique ornée d'une nouvelle décoration sculpturale exécutée par J. Mocker.

r. 1600   r. 1868

44. Rychle se vzmáhající pražské české měšťanstvo druhé poloviny minulého století si na místě, kde kdysi stával Králův dvůr, postavilo na počátku nového století svoji reprezentační budovu. A že právě tady, nebylo nijakou náhodou. Na druhé straně ulice bylo německé kasino a nový český Obecní dům mu měl být protiváhou opřenou navíc o ideový argument: na tomto místě bylo vždy sídlo české moci a síly, zde sídlil český král Václav IV., syn velikého Karla IV.! Však byla také v tomto domě r. 1918 vyhlášena Československá republika.

44. The Prague Czech burghers quickly gained power in the second half of the last century and built their own representative building at the beginning of the new century on the site of the former Royal Court. It was no accident that it was built exactly on this place. On the opposite side of the street was a German casino, and the new Czech municipal hall was to play a counterpart to it, supported by an ideological argument. This had, in fact, always been a seat of Czech power and influence; here lived the Czech king Wenceslaus IV, the son of the great Charles IV, and thus it was no wonder that this house was chosen for the 1918 announcement of the birth of the Czechoslovak republic.

44. Das schnell aufgeschwungene tschechische Bürgertum in Prag der zweiten Hälfte des vergangenen Jahrhunderts ließ sich am Anfang des neuen Jahrhunderts sein Repräsentationsgebäude erbauen, u. z. dort, wo einst der Königshof gestanden hatte. Und daß es gerade hier stand, war kein Zufall. Auf der anderen Seite der Straße befand sich das deutsche Kasino. Das neue tschechische Gemeindehaus sollte dazu ein Gegengewicht bedeuten, u. z. aus folgendem ideologischem Grund: an dieser Stelle war immer der Sitz der tschechischen Macht und Kraft, hier wohnte auch der böhmische König Václav IV., Sohn des großen Karl IV.! In diesem Haus wurde sogar 1918 die Tschechoslowakische Republik ausgerufen.

44. Dans la deuxième moitié du XIXᵉ siècle, la bourgeoisie tchèque a fait fortune. Au début de notre siècle, elle a fait bâtir, à l'emplacement de l'ancienne Cour des rois, un édifice prestigieux. L'endroit n'a pas été choisi par hasard: de l'autre côté de la rue se trouvait un casino allemand et la Maison mu-

nicipale tchèque devait servir de contrepoids; en plus il y avait un autre argument patriotique: c'est un lieu où se manifestait de tout temps la force et la puissance de l'Etat tchèque, où siégeait le roi Venceslas IV, fils de Charles IV.! C'est pourquoi la République tchécoslovaque a été proclamé, en 1918, dans cette maison.

Mimořádně cenná secesní budova **OBECNÍHO DOMU** projektovaná A. Balšánkem a O. Polívkou byla postavena v l. 1905-1911. Její bohatá vnitřní výzdoba je vrcholnou ukázkou pražské secese zahrnující celou škálu výtvarných umění od velkých fresek až po jemné detaily užitého umění.

The exceptionally valuable Art Nouveau building of the **MUNICIPAL HALL,** designed by A. Balšánek and O. Polívka was built in 1905-1911. Its rich interior decoration is a masterpiece of Prague Art Nouveau, including the whole range of fine arts from big frescos to the fine details of industrial art.

Das außergewöhnlich wertvolle Jugendstilgebäude **DES GEMEINDEHAUSES**, projektiert von A. Balšánek und O. Polívka, wurde 1905-1911 errichtet. Seine reiche innere Ausstattung ist Höhepunkt des Prager Jugendstils; die ganze Skala der bildenden Künste von großen Fresken bis zu feinen Details der angewandten Kunst einbezogen.

PALAIS DES FÊTES est un édifice du style Art nouveau d'une valeur exceptionnelle; projetée par A. Balšánek et O. Polívka, construite de 1905 à 1911. Sa riche décoration intérieure, c'est l'Art nouveau pragois à son apogée, comportant toute la gamme des arts plastiques, les grandes fresques aussi bien que les détails admirables de l'art décoratif.

r. 1825

45. Další z velkých a o reprezentativnost usilujících pražských náměstí, i když to třeba na první pohled tak nevypadá. A přesto: hned několik reprezentačních budov různých dob tu stojí vedle sebe. Secesní dům vedle gotické Prašné brány, ta naproti funkcionalistické České národní bance a ta zase naproti klasicistnímu Hybernskému klášteru, od něhož nedaleko stojí barokní kostel jakoby tísněný novorománskými josefskými kasárnami. A naproti nim přes náměstí secesní domy s velkým hotelem a moderním proskleným obchodním domem. A kolik tu bylo dalších plánů na nová divadla, muzea, koncertní síně! Třeba se tu jednou přece jenom objeví.

45. This is another of the large and representative Prague squares, even though it does not make such an impression at first sight, even with several stunning adjoining buildings from different eras. An Art Nouveau building next to the gothic Powder Tower, opposite that the functionalist Czech National Bank, and again opposite that the neo-Classicist Hybernský monastery, not far from a Baroque church, hemmed in by the neo-Romanesque Josefian barracks, and once again opposite them, Art Nouveau houses with a large hotel and a modern glass department store. One can only quess, when surverying this plethora of styles, at the many abandoned plans for new theatres, museums and concert halls.

45. Einer der weiteren großen Plätze, der danach strebt, repräsentativ zu werden, auch wenn es auf den ersten Blick nicht so aussehen muß. Und trotzdem: gleich einige Repräsentationsgebäude einiger Epochen stehen hier nebeneinander. Ein Jugendstilhaus neben dem gotischen Pulverturm, der wieder der funktionalistischen Tschechischen Nationalbank gegenübersteht, die wiederum dem klassizistischen Kloster U Hybernů gegenübersteht und unweit davon eine barocke Kirche, die mit der neoromanischen Josefskaserne wie zusammengedrängt wirkt. Quer über den Platz Jugendstilhäuser mit einem großen Hotel und einem modernen gläsernen Kaufhaus. Und wieviel andere Pläne für neue Theater, Museen, Konzertsäle es hier gab! Vielleicht erscheinen sie mal hier.

45. Une autre grande place de Prague, aspirant à s'imposer - même si on ne le remarque pas au premier coup d'oeil. Pourtant plusieurs édifices importants s'y trouvent côte à côte: une maison construite en style Art nouveau à côté de la Tour Poudrière gothique; en face d'elle la Banque nationale en style fonctionnaliste et celle-ci en face aussi d'un couvent baroque comme écrasée par une caserne néoromane; de l'autre côté de la place des maisons Art nouveau, un grand hôtel et un grand magasin aux parois de verre. Et il y avait tant d'autres projets! De nouveaux théâtres, musées, salles de concerts! Peut-être un jour.

Největší budovou na **NÁMĚSTÍ REPUBLIKY** je *Česká národní banka* (čp. 860) projektovaná F. Roithem a postavená r. 1938. Býv. *klášter u Hybernů* byl do nynější podoby přestavěn J. Fischerem v l. 1805-1811. *Klášter a kostel sv. Josefa* byl vybudován podle projektu M. Mayera v l. 1630-1653 a vedlejší *kasárny* jsou z r. 1860. *Obchodní dům Kotva* od V. a V. Machoninových je z let 1970-1974.

The largest building on **REPUBLIC SQUARE** is the *Czech National Bank* (no. 860), designed by F. Roith and built in 1938. The former *Hybernský Monastery* was rebuilt into the present shape by J. Fischer in 1805-1811. The *monastery and the St. Josef church* were designed by M. Meyer in 1630-1653 and the neighbouring *barracks* are from 1860. The *department store Kotva* by V. and V. Machonin was built in 1970-1974.

Das größte Gebäude auf dem **PLATZ DER REPUBLIK** ist die *Tschechische Nationalbank* (Nr. 860), von F. Roith projektiert und 1938 erbaut. Das ehem. *Kloster U Hybernů* bekam 1805-1811 die heutige Form von J. Fischer. Das *Kloster und die St. Josef-Kirche* wurden nach den Plänen M. Mayers 1630-1653 errichtet. Die nebenan stehende *Kaserne* ist aus dem Jahr 1860. Das *Kaufhaus Kotva* von V. und V. Machonins stammt aus den Jahren 1970-1974.

L'édifice le plus grand de la **PLACE DE LA RÉPUBLIQUE** est la *Banque nationale* (No 860), projetée par F. Roith et construite en 1938. L'ancien *monastère des* franciscains irlandais nommés *Hyberns* a son aspect actuel depuis la reconstruction par L. Fischer de 1805 -1811. Le monastère et l'église *Saint-Joseph* ont été construits d'après le projet de M. Mayer de 1630 -1653 et *la caserne* date de 1860. Le *grand magasin Kotva* par V. et V. Machonin date de 1970 à 1974.

r. 1792

46. Již nic tady nepřipomíná dobu, kdy tudy vedl příkop oddělující Staré Město od Nového Města. Však byl také zasypán již v polovině 18. století a na jeho místě byly vysázeny kaštany. Proto se tu také nové ulici říkalo Staré aleje. Stromy však musely později ustoupit potřebám stále hustší dopravy, jež jednu z hlavních tříd městského centra nakonec zavalila. Ale pak se sem stromy přece jenom vrátily; z dopravní tepny se stala pěší zóna plná luxusních obchodů a příjemných restaurací a kaváren.

46. Nothing reminds one of the time when there was a moat separating the Old Town from the New Town. It was filled up in the mid-18th century, adorned with chestnut trees, and called The Old Alleys. The trees soon had to give way to the demands of the increasing flow of downtown vehicle traffic, but were eventually replanted when the traffic artery was changed into a pedestrian zone full of luxury shops, pleasant restaurants and wine bars.

46. Nichts mehr erinnert uns an die Zeit, als hier ein Graben entlang führte, der die Altstadt von der Neustadt trennte. Er wurde ja schon in der Hälfte des 18. Jh. zugeschüttet, und Kastanienbäume wurden eingesetzt. Deshalb nannte man die neue Straße Alte Alleen. Die Bäume mußten aber später den Anforderungen des immer zunehmenderen Verkehrs weichen, der eine der Hauptstraßen des Stadtzentrums undurchlässig machte. Die Bäume kamen aber doch zurück; die Verkehrsader wurde zu einer Fußgängerzone mit luxuriösen Geschäften und angenehmen Restaurants und Cafés.

46. Jadis, il y avait ici un fossé séparant la Vieille Ville de la Ville Nouvelle. Rien ne le rappelle plus. Au milieu du XVIIIᵉ siècle, il a été comblé et une allée do chataigniers l'a remplacé. C'est pourquoi on appelait la nouvelle rue Vieilles allées. Plus tard, les arbres on dû céder la place: le traffic de plus en plus dense a fini par encombrer ce lieu devenu une des principales avenues du centre de la ville. A présent, cette avenue est zone piétone pleine de magasins de luxe et d'agréables restaurants et cafés et de nouveau plantée d'arbres.

Třída **NA PŘÍKOPĚ** dostala svou dnešní podobu až v první pol. 20. stol., kdy tu byl postaven palác *Komerční banky* (čp. 969) podle návrhu K. Jarrayho, J. Sakaře a A. Foehra (1930-1932), *palác Příkopy* od arch. B. Kozáka a A. Černého (1936-1937) a konečně i budova *České národní banky.* V novorenesančním slohu se secesními náběhy je postaven *palác Živnostenské banky* (čp. 858) z l. 1894-1896 od O. Polívky. Klasicistický je tu *kostel sv. Kříže* projektovaný J. Fischerem a postavený 1819-1824 a klasicistní podobu má i *Slovanský dům,* původně barokní palác ze 17. stol., v němž bylo v l. 1873-1945 německé kasino. *Palác Sylva-Taroucca* (čp. 852) je barokní od K. I. Dienzenhofera z l. 1743-1751.

AT MOAT STREET acquired its present shape in the first half of our century when the *Commercial Bank* (no. 969) was built following the plans of K. Jarray, J. Sakař and A. Foeher (1930-1932), the *Moat Palace* by the architect B. Kozák and A. Černý (1936-1937), and finaly the *Czech National Bank.* The building of the *Živnostenská Bank* (no. 858) was built in the neo-Renaissance style with Art nouveau influences in 1894-1896 by O. Polívka. The *Church of the Holy Cross* was built in 1819-1824 in a Classicist style designed by J. Fischer. The originally Baroque palace from the 17th century - *Slavic House* - also has a classicist shape. In 1873-1945, it housed a German casino. The *Sylva-Taroucca Palace* (no. 852) was built in 1743-1751 by K. I. Dienzenghofer in a Baroque style.

Die Straße **AM GRABEN** erhielt ihre heutige Form erst in der ersten Hälfte des 20. Jh. Damals wurden hier der *Palast der Kommerzbank* (Nr. 969) nach dem Entwurf K. Jarrays, J. Sakařs und A. Foehrs (1930-1932), der *Palast Příkopy* von den Architekten B. Kozák und A. Černý (1936-1937) und zuletzt das Gebäude der *Tschechischen Nationalbank* erbaut. Im Neorenaissancestil mit Jugendstilelementen ist die *Gewerbebank* (Nr. 858), 1894-1896 von O. Polívka erbaut. Klassizistisch ist die *Kreuz-Kirche,* projektiert von J. Fischer und 1819-1824 errichtet. Klassizistische Form hat das ursprünglich barocke *Slawische Haus* aus dem 17. Jh., in dem sich 1873-1945 das Deutsche Kasino befand. Das *Palais Sylva-Taroucca* (Nr. 852) ist barock, aus den Jahren 1743-1751 von K. I. Dienzenhofer.

AVENUE SUR LE FOSSÉ n'a son aspect actuel que depuis la première moitié du XXe siècle où a été construit le palais de *la Banque commerciale* (No 969) d'après le projet de K. Jarray, J. Sekař et A. Foehr (1930-1932), le *palais Příkopy* par B. Kozák et A. Černý (1936-1937) et la *Banque nationale.* Le palais de la *banque artisanale* (No 858) est en style néo-Renaissance où on devine des signes précurseurs de l' Art nouveau, construite de 1894 à 1896 par O. Polívka. L'église *Sainte-Croix* en style classiciste date de 1819 à 1824, est projeté par J. Fischer. *La Maison slave*, à l'origine un palais baroque du XVIIe siècle, a un aspect classiciste à présent; de 1873 à 1945, il y avait un casino allemand. Le *palais Sylva-Taroucca* (No 852) est baroque de 1743-1751, par K. I. Dienzenhofer.

r. 1792

70 léta 19. stol.

47. Dnes ještě nenápadná ulička nedaleko obchodních center vnitřní Prahy se jistě zanedlouho probudí ke svému novému životu obchodního střediska. Vždyť je to kdysi nejživější pražské tržiště, vzniklé již ve 14. století. A nejenom že se tu obchodovalo, také tu bylo jedno ze společenských center města. Jeho podobu lze i teď z architektury uličky vyčíst - sama úzká ulička není ničím jiným než původní střední chodbou starých kamenných kotců, z nichž po obou stranách vyrůstaly krámky především soukeníků a kožešníků; krámce se během nové doby změnily na samostatné domy a v některých z nich se zbytky původních krámců viditelně zachovaly podnes.

47. This street is still unimpressive but will soon awaken to its role as a major Prague business centre. It was already the most lively Prague marketplace by the 14th century, and was also one of the social centres of the town. Its original shape is recognisable even now. The narrow street is nothing other than a corridor between stone stalls, from which grew the shops of drapers and furriers on both sides. The shops changed during the New Age into private houses, and the original remains have been preserved in some until today.

47. Die heute noch unauffällige Gasse unweit vom Handelszentrum Prags erwacht sicher in kurzer Zeit zu neuem Leben. Es war natürlich der lebhafteste, bereits im 14. Jh. enstandene Markt. Hier wurde nicht nur gehandelt, es war auch eines der Gesellschaftszentren der Stadt. Noch jetzt kann man seine Form aus der Architektur der Gasse herauslesen - die schmale Gasse selbst ist nichts anderes als ursprünglicher mittlerer Gang der alten Steinbuden, wo sich kleine Tuchmacher- und Kürschnerläden befanden; sie wandelten sich in der neuen Zeit in selbständige Häuser um. Bei einigen blieben die Reste der alten Läden sichtbar erhalten.

47. Aujourd'hui c'est une ruelle qui paraît plutôt banale, près des centres commerciaux de la ville, mais elle va sans doute renaître bientôt à une nouvelle vie. Fondée au XIVᵉ siècle, c'était jadis le marché le plus animé de Prague. Ce n'était pas seulement un centre de commerce, mais aussi de la vie sociale. Même à présent, l'architecture de la ruelle permet de deviner son aspect d'autrefois: cette rue étroite, c'est l'ancienne galerie marchande avec des kiosques de pierre, jadis bordée de petites boutiques, surtout celles des pelletiers et des drapiers; plus tard, ces petites boutiques ont été remplacées par des maisons, mais dans quelques-uns on peut voir aujourd'hui encore les traces des boutiques anciennes.

KOTCE zde byly postaveny r. 1362 a svému původnímu účelu sloužily po několik staletí. V jejich dnes již zbořené části, na místě, kde dnes stojí palác *České spořitelny* (čp. 536) se hrálo ve druhé pol. 18. stol. první novodobé české divadlo.

THE STALLS were built in 1362 and they served their original purpose for several centuries. Today, in their destroyed sections, at the place where now stands the building of the *Czech Savings house* (no. 536), stands the first modern Czech theatre, dating from the second half of the 18th century.

DIE BUDEN wurden hier 1362 erbaut. Und ihrem Zweck dienten sie einige Jahrhunderte. In dem heute schon abgerissenen Teil, dort, wo jetzt der Palast der *Tschechischen Sparkasse* steht (Nr. 536), wurde das erste neuzeitliche tschechische Theater in der zweiten Hälfte des 18. Jh. gespielt.

KOTCE on été fondés en 1362 et ont servi à l'usage prévu pendant des siècles. Dans une partie déjà démolie de cette rue - là où se trouve aujourd'hui la *Caisse d'épargne tchègue* (No 536), on a donné la première pièce de théâtre tchèque des temps nouveaux.

r. 1606

48. Studia generale založil v Praze římský císař Karel IV. ze své moci českého krále roku 1348. První univerzita záalpské Evropy sídlí zde, v Karolinu, od roku 1386, kdy dům král Václav IV. získal od bohatého měšťana Johlina Rotleva pro univerzitní kolej nesoucí jméno zakladatele vysokého učení. Roku 1611 sem pak byly soustředěny všechny univerzitní koleje a původně samostatně stojící palác se začal rozrůstat do velikého areálu mezi Ovocným trhem a Celetnou ulicí. Proto také má dnešní Karolinum podobu více barokní než gotickou. Ale význam Karolina není jistě zdaleka jenom stavební a historický; Univerzita Karlova je významnou vědeckou a kulturní institucí úzce spojenou s osudy národa i státu a její hlavní sídlo bylo dějištěm mnoha událostí širokého politického dosahu.

48. The Studia Generale were founded by the Roman Emperor Charles IV in 1348. The first university of Europe east of the Alps had its seat here in the Karolinum since 1386, when it was bought by King Wenceslaus IV from the rich burgher Johlin Rotlev for the university college bearing the name of the founder of the university. All university colleges were concentrated in this place in 1611 and the originally self-standing palace began to grow into a large complex between the Fruit Market and Celetná street. The shape of Karolinum is therefore more Baroque than Gothic, but the importance of the Karolinum is more than architectural or historical. Charles university is today an important scientific and cultural institution, closely connected with the destiny of the nation and the state, and its central buildings have been the site of many events of wide political consequence.

48. Das Studium generale wurde in Prag vom römischen Kaiser und böhmischen König Karl IV. 1348 gegründet. Die erste Universität nördlich der Alpen hat hier, im Karolinum, ihren Sitz seit 1384,

als es König Václav IV. vom reichen Bürger Johlin Rotlev für das den Namen seines Begründers tragende Universitätskolleg erhielt. 1611 konzertierten sich hier alle Universitätskollegien. Der ursprünglich selbständig stehende Palast fing an, sich in ein großes Areal zwischen dem Obstmarkt und der Celetná-Gasse auszubreiten. Deshalb hat das heutige Karolinum mehr barocke als gotische Form. Aber die Bedeutung Karolinums ist gewiß nicht nur architektonisch und historisch; die Karlsuniversität ist eine wichtige wissenschaftliche und kulturelle Institution, die mit der Geschichte der Nation und des Staates verbunden ist, und deren Hauptsitz Schauplatz vieler politisch bedeutender Begebenheiten war.

48. C'est Charles IV, empereur romain germanique, qui a fondé, en 1348, en tant que roi de Bohême, les studia générale à Prague. La première université de l'Europe transalpine siège ici, dans le Karolinum, depuis 1386 où le roi Venceslas IV l'a acquis d'un riche bourgeois Johlin Rotlev et destiné à l'usage du Collège universitaire et lui a donné le nom de son fondateur. En 1611 y ont été concentrés tous les collèges universitaires et le palais à l'origine isolé commençait à s'agrandir et occuper un grand espace entre le Le Marché aux fruits et la rue Celetná. C'est pourquoi l'aspect du Karolinum est plutôt baroque que gothique. Mais ce n'est pas qu'au point de vue architectural et historique que Karolinum est important: l'Université Charles est une institution scientifique et culturelle étroitement rattachée à la destinée de la nation et de l'Etat et son siège principal était souvent le témoin d'événements d' une grande portée politique.

Jádrem **KAROLINA** je gotický dvojdům z pol. 14. stol., který byl výrazně přestavěn spolu s ostatními jeho budovami F. M. Kaňkou r. 1718. Další výraznou přestavbou prošel areál v l. 1946-1969 podle návrhu arch. J. Fragnera, která Karolinum doplnila o novou vstupní budovu. Gotická arkýřová kaple z doby kol. r. 1385 byla novogoticky obnovena J. Mockerem r. 1881.

The core of **THE KAROLINUM** is a gothic double-house from the mid-14th century which was significantly rebuilt together with other buildings by F. M. Kaňka in 1718. The complex underwent another significant reconstruction in 1946-1969 following the plans of architect J. Fragner during which the Karolinum was extended by a new entrance building. The Gothic parlour chapel from around 1385 was rebuilt in a neo-Gothic style by J. Mocker in 1881.

Kern des **KAROLINUMS** ist ein gotisches Doppelhaus aus der Hälfte des 14. Jh., das von F. M. Kaňka 1718 mit seinen anderen Gebäuden bedeutend umgebaut wurde. Einen anderen großen Umbau machte das Areal in den Jahren 1946-1969 durch, u. z. nach dem Entwurf des Architekten J. Fragner, bei dem das Karolinum durch ein neues Eintrittsgebäude ergänzt wurde. Die gotische Erkerkapelle aus der Zeit um 1835 wurde von J. Mocker im Jahre 1881 neugotisch erneuert.

Le noyau du **KAROLINUM** est une maison gothique du XIVe siècle, mais a été sensiblement reconstruit, de même que les autres bâtiments, par F. M. Kaňka en 1718. Une autre reconstruction date de 1946-1969, d'après le projet de J. Fragner; on lui doit la nouvelle construction à l'entrée. La chapelle en encorbellement (vers 1385) a été reconstruite en style néo-gothique par J. Mocker en 1881.

49. Touto budovou zní především hudba Mozartova. Svou světovou premiéru tu měla opera oper Don Giovanni, ale již za autorova života se tu hrály i další jeho opery - a Mozartovským divadlem je Stavovské divadlo i dnes. Ale tradice divadla je ještě bohatší; tady zazněla poprvé píseň Kde domov můj, později česká státní hymna. Zpívalo se tu italsky, hrálo česky a německy, v hledišti zněly a znějí nejrůznější evropské i mimoevropské jazyky. Však také je to divadlo světově proslulé. A nejen kvůli Mozartovi. Jen tato jediná divadelní budova se dochovala ve své původní, klasicistní vnější i vnitřní podobě a nedávná celková rekonstrukce jí vrátila svěžest a lesk i její historický název.

49. This place resounds above all to the music of Mozart. The opera of operas, Don Giovanni, had its world premier here, but during Mozart's lifetime, his other operas were staged there, and the Estate Theatre remains Mozart's theatre even today. But its tradition is much richer. The song „Where is my Homeland", later the Czech national anthem, was sung there for the first time. Italian was the language of singing, German and Czech of acting, and the most diverse European and non-European languages have always been heard in the stalls. No wonder it is still a world-famous theatre, and not only thanks to Mozart. It is the only theatre building that has been preserved in its original Classicist shape, in exterior as well as interior, and the recently completed reconstruction has returned its freshness and glimmer, as well as its historical name.

49. In diesem Gebäude klingt v. a. Mozarts Musik. Ihre Weltpremiere hatte hier die Oper Don Giovanni, aber schon zu Lebzeiten des Komponisten spielte man hier auch andere seiner Opern - und auch heute ist das Ständetheater ein Mozartsches Theater. Seine Tradition ist aber viel reicher - hier erklang das Lied „Kde domov můj" zum erstenmal (später die tschechische Nationalhymne). Man sang hier italienisch, spielte tschechisch und deutsch, im Zuschauerraum hörte und hört man verschiedene europäische Sprachen. Es handelt sich doch um ein Theater mit Weltruf, und das nicht nur wegen Mozart. Nur dieses einzige Theatergebäude blieb in seiner urspüglichen klassizistischen äußeren und in-

neren Form erhalten. Seine jüngste Renovierung verlieh ihm Glanz, Frische und sogar seinen historischen Namen.

49. Dans cette édifice résonne surtout la musique de Mozart. C'est le théâtre où a eu lieu la première mondiale de son opéra Don Giovanni, mais - encore du vivant de l'auteur - aussi ses autres opéras. Ainsi, le Théâtre des Etats est resté jusqu'à nos jours avant tout le théâtre de Mozart. Mais ce n'est pas le seul héritage du passé du théâtre: pour la première fois y retentit la chanson Où est ma partie (Kde domov můj) qui est devenue l'hymne national tchèque. Dans ce théâtre, on chantait en italien, on y jouait en tchèque et en allemand; dans la salle on entendait et on entend encore différentes langues européennes et extraeuropéennes - c'est un théâtre de renommée mondiale. On ne le doit pas qu'à Mozart, mais aussi à sa construction qui a conservé son aspect originel classiciste - à l'extérieur et à l'intérieur. Une reconstruction complète effectuée récemment lui a redonné sa fraîcheur et son éclat - et aussi son nom historique.

STAVOVSKÉ DIVADLO dal r. 1781-1783 postavit podle projektu A. Haffeneckera hrabě F. A. Nostic-Rhieneck. Vnitřní výzdobu provedl J. Q. Jahn. Menšími stavebními úpravami divadlo prošlo r. 1859 a 1881.

THE ESTATE THEATRE was built in 1781-1783, following the plans of A. Haffenecker, as the request of Count F. A. Nostic-Rhieneck. The interior was designed by J. Q. Jahn. Minor architectural ammendments were carried out in 1859 and 1881.

DAS STÄNDETHEATER ließ Graf F. A. Nostic-Rhieneck 1781-1783 nach den Plänen A. Haffeneckers erbauen. Die innere Verzierung führte J. Q. Jahn durch. 1859 und 1881 machte das Theater kleinere Umgestaltungen durch.

LE THÉÂTRE DES ETATS-c'est le comte F. A. Nostic-Rhieneck qui l'a fait bâtir de 1781-1783 d'après le projet de A. Haffenecker. La décoration intérieure est l'oeuvre de J. Q. Hahn. Quelques modifications moins importantes ont été faites en 1859 et 1881.

kolem r. 1830

50. Kdo by dnes hledal na tichém prostranství za Stavovským divadlem ještě na počátku našeho století rušné tržiště? Dnes se tu zastaví turisté, návštěvníci divadla, projdou tudy studenti, je možné usednout v malých hospůdkách. Ale před necelým půlstoletím se tu čile prodávala a nakupovala zelenina i ovoce. A před divadlem se obchodovalo s vejci, a dále - až za Kotci - se prodávalo uhlí. Souvislá řada tržišť, zvaná ve středověku Havelským městem, dala dokonce Praze její hospodářské začátky.

50. Who would look today for a busy marketplace in the quiet place behind the Estate Theatre? The passing tourists, the theatre spectators, and students gather there, perhaps to sit down in one of the small pubs, and yet it is not even a half of a century since there was a vegetable and fruit market here; in front of the theatre, where eggs were sold and further on, behind the stalls, coal. The uninterrupted row of marketplaces, called Havel Town in the middle ages, was the beginning of business in Prague.

50. Wer würde auf dem stillen Raum hinter dem Ständetheater den noch am Anfang unseres Jahrhunderts lebhaften Marktplatz suchen? Jetzt bleiben hier Touristen und Theaterbesucher stehen, Studenten gehen hindurch, es ist möglich, sich in kleine Gaststätten zu setzen. Aber vor ungefähr 50 Jahren wurde hier Obst und Gemüse verkauft und eingekauft. Vor dem Theater handelte man mit Eiern, weiter - hinter Kotce - verkaufte man Kohle. Eine lange Reihe von Märkten, im Mittelalter Gallusstadt genannt, trug zu den wirtschaftlichen Anfängen in Prag bei.

50. Difficile à deviner que cet espace si calme derrière le théâtre Stavovské était jusqu'au début de notre siècle un marché très animé. Aujourd'hui quelques touristes s'arrêtent là, ou les gens allant au théâtre, quelques étudiants passent par là: on peut entrer dans un des petits bistrots. Mais il y a a cinquante ans à peine, on y vendait et achetait des légumes et des fruits; devant le théâtre, des oeufs; et plus loin - au-delà de Kotce - du charbon. Cette rangée ininterrompu de marchés - au Moyen âge on l'appelait la Ville Havel - a donné naissance à l'activité économique de Prague.

OVOCNÝ TRH obklopuje řada nepříliš významných měšťanských domů a dva paláce, palác býv. mincovny a stavebně cenný *Kolovratský palác* v barokním slohu od D. Orsiho z konce 17. stol.

THE FRUIT MARKET is surrounded by several unimportant burghers' houses and by two palaces, that of the former Mint, and the architecturally valuable *Kolovratský Palace* in a Baroque style by D. Orsi, from the end of the 17th century.

DER OBSTMARKT wird von einigen nicht besonders bedeutenden Bürgerhäusern, zwei Palästen, dem Palast der ehem. Münzanstalt und dem architektonisch wertvollen barocken *Kolowrat-Palais* von D. Orsi vom Ende des 17. Jh. umgeben.

LE MARCHÉ AUX FRUITS est entourée de maisons bourgeoises sans grande importance et de deux palais: le palais de l'ancien Hôtel de la Monnaie et le *palais Kolovrat,* oeuvre de valeur de D. Orsi, du style baroque de la fin du XVIIᵉ siècle.

poč. 20. stol.

51 Václavské náměstí

52 Pomník sv. Václava´

53 Národní muzeum

54 Kostel
Nejsvětějšího Srdce Páně

55 Televizní věž

56 Olšanské hřbitovy

57 Olšanský židovský hřbitov

58 Památník Osvobození

59 Masarykovo nádraží

60 Hlavní nádraží

51. Jedno z největších historických náměstí Evropy - **VÁCLAVSKÉ NÁMĚSTÍ** - bylo pů-vodně koňským trhem a své dnešní pojmenování dostalo až v minulém století podle sochy sv. Václava stojící tehdy uprostřed něho. To už ale bylo především městskou promenádou, z níž bylo možné vyjít Koňskou bránou za hradby města, do míst tehdy ještě zaplněných zahradami a vilami. Ale tohle ná-městí není jenom jedním z četných náměstí Prahy, stalo se i symbolem. Tudy procházely celé novo-dobé dějiny českého národa i státu. Tady začala revoluce 1848, říjnový převrat roku 1918, tady se ode-hrály i manifestace roku 1989. Náměstí ale posloužilo i jako vhodné dějiště pro inscenovaná shromáždění na podporu obou totalitních režimů 20. století, jež bylo českému národu souzeno prožít. Je to náměstí spojené s velikostí, tragikou, vítězstvími i prohrami moderních českých dějin.

51. One of the largest historical squares of Europe - **WENCESLAUS SQUARE** - was originally a horse market and it acquired its name in the last century due to the statue of St. Wenceslaus standing at that time in the middle. The square was then a town promenade from which it was possible to go, via the Horse Gate, behind the town walls into places full of gardens and villas. This square is not merely another of the many squares in Prague, but has also become a symbol of the whole New Age history of the Czech nation and state. Here began the revolution in 1848, the October power struggle in 1918, the huge demonstrations in 1989. However, it was also a place of mass demonstration of support to both 20th century totalitarian regimes the Czech nation was destined to experience. It is a square connected to the greatness, tragedy, victories and losses wrought on the Czech people by this century.

51. Einer der größten historischen Plätze Europas - **DER WENZELSPLATZ** - war ursprüng-lich ein Pferdemarkt. Seinen heutigen Namen bekam er erst im vorigen Jahrhundert nach der Statue des heiligen Wenzels, die damals in seiner Mitte stand. Da war der Platz aber schon v. a. eine Stadtp-romenade, aus der man durch das Pferdetor hinter die Stadtmauer hinausgehen konnte, dorthin, wo sich zu jener Zeit noch viele Gärten und Villen befanden. Dieser Platz ist nicht nur einer der vielen Prager Plätze, sondern er wurde auch zu einem Symbol. Hier ging die ganze neuzeitliche Geschichte des Vol-kes und des Staates hindurch. Hier begann die Revolution 1848, der Oktoberumsturz 1918, hier spiel-ten sich auch die Massenkundgebungen 1989 ab. Hierher wurden auch große Kundgebungen zur Un-

terstützung beider totalitären Regime des 20. Jh. berufen, die die Tschechen durchzumachen hatten. Es ist ein mit Größe, Tragik, Siegen und Niederlagen verbundener Platz. Das alles brachte uns dieses Jahrhundert mit.

51. Une des plus grandes places historiques de l'Europe - **LA PLACE VENCESLAS** - avait été jadis un marché aux chevaux et n'a son nom d'aujourd'hui qu' à partir du siècle passé où a été érigé, d'abord au milieu de la place, le monument à Saint-Venceslas. A ce moment-là, c'était déjà un lieu de promenade en ville, d'où on pouvait sortir par la Porte aux chevaux au-delà des remparts, là où il n'y avait à cette époque que des jardins et des villas. Cette place n'est pas tout simplement une place parmi d'autres - très nombreuses de Prague. Elle est devenue un symbole: l'histoire de la nation et de l'Etat tchèque des temps nouveaux est passée par là. La révolution de 1848 y a éclaté, de même que le coup d'Etat de 1918; y avaient lieu les manifestations colossales de la révolution „en velours" de 1989 - mais aussi des manifestations à participation massive convoquées pour appuyer les deux régimes totalitaires du XXᵉ siècle que la nation tchèque a connus. C'est une place qui rappelle à la mémoire non seulement les moments de grandeur, mais aussi les tragédies et humiliations que notre siècle nous a infligées.

r. 1780

r. 1792

r. 1878

52. S novodobými osudy Václavského náměstí je neoddělitelně spojena i socha sv. Václava. Ona byla jejich ideovým středobodem. Tak, jako je tradice husitská spojena se svobodou myšlení a přesvědčení, je tradice svatováclavská spojena s českým státem. Patron české země a podle středověkého pojetí její věčný kníže a ochránce tu na horním konci náměstí stojí obklopen čtyřmi dalšími českými světci, sv. Ludmilou, sv. Anežkou Přemyslovnou, sv. Prokopem a sv. Vojtěchem nejen jako kníže míru a pokoje, jak bývá tradičně vnímán, ale i jako symbol české síly a vzdoru.

52. The events taking place on Wenceslaus square have always been inseperably connected to the statue of St. Wenceslaus. The St. Wenceslaus tradition is connected with the Czech state in the same way as the Hussite tradition is connected with freedom of thought and conviction. The patron saint of the Czech lands, and according to the middle ages, its eternal ruler and protector, stands at the upper end of the

square surrounded by the other four Czech saints, St. Ludmila, St. Agnes Přemyslovna, St. Prokop, and St. Vojtěch. Not only is he king of peace and calm as traditionally understood, but also a symbol of Czech power and rebellious energy.

52. Mit dem neuzeitlichen Schicksal des Wenzelsplatzes ist auch die Statue des heiligen Wenzel verknüpft. Sie war auch Ideenmittelpunkt dieses Schicksals. Genauso wie die Hussitentradition mit Glaubens- und Bekenntnisfreiheit verbunden ist, so ist die St. Wenzelstradition mit dem tschechischen Staat verknüpft. Der Schutzpatron Böhmens und nach mittelalterlicher Auffassung sein ewiger Fürst und Behüter steht hier, am oberen Rande des Platzes, von vier anderen tschechischen Heiligen umgeben, von der heiligen Ludmila, von der Agnes aus der Familie der Přemysliden, vom heiligen Prokop und Adalbert. Er steht hier nicht nur - der Tradition nach - als Friedensfürst, sondern auch als Symbol der tschechischen Kraft und des tschechischen Widerstandes.

52. Le monument à Saint-Venceslas est inséparable du sort de la place Venceslas. Il est le symbole d'une idée. De même que la tradition hussite s'associe à la liberté de la pensée et de la conscience, Saint-Venceslas est lié à l'idée de l'Etat tchèque. Le patron de la Bohême et selon la conception médiévale son prince et protectuer éternel, est entouré sur le monument - dans la partie supérieure de la place - par quatre autres saints tchèques: Sainte-Ludmila, Saint-Agnès-Přemyslide, Saint-Prokope et Saint-Vojtěch (Adalbert); il représente - contrairement à la tradition - non seulement la paix et l'harmonie, mais aussi la vigueur et la résistance tchèques.

Autorem bronzového **POMNÍKU SV. VÁCLAVA** je J. V. Myslbek; návrh vypracoval v l. 1890-1894, pomník byl realizován za účasti arch. A. Dryáka v l. 1912-1913.

The author of the bronze **MEMORIAL OF ST. WENCESLAUS** is J. V. Myslbek. The design was worked out in 1890-1894. The memorial was built with the help of the architect A. Dryák in 1912-1913.

Schöpfer des bronzenen **WENZELSDENKMALS** ist J. V. Myslbek; er arbeitete 1890-1894 den Entwurf aus, realisiert wurde das Denkmal 1912-1913 unter Teilnahme des Architekten A. Dryák.

L'auteur du monument en bronze à **SAINT-VENCESLAS** est J. V. Myslbek; le projet de cette oeuvre date de 1890 à 1894, la réalisation - à laquelle participait aussi l'architecte A. Dryák - de 1912 à 1913.

53. Horní část Václavského náměstí uzavírá - na místě, kde stávala Koňská brána - druhá nejvý-
znamnější stavba Prahy druhé poloviny minulého století. Impozantní budova Národního muzea byla
zamýšlena nejen jako pouhý výstavní prostor pro muzeální sbírky, ale i jako místo národního pante-
onu. Památce velkých osobností českého národa je vyhrazena nejčestnější prostora Muzea pod ma-
jestátní zlatou kupolí. Čtyři nástěnné obrazy zachycující významné okamžiky z českých dějin, čtyři
bronzové sochy a třicet jedna busta nejpřednějších českých umělců a politiků posledních dvou století
tvoří hlavní část výzdoby Panteonu sloužícího pro slavnostní příležitosti a pohřby národně zasloužii-
lých mužů. Národní myšlence, ovládající české myšlení 19. století ve všech jeho složkách a podobách,
je podřízena vnější i vnitřní výzdoba Muzea do posledního detailu.

53. The upper part of Wenceslaus square, around the former Horse Gate, is now closed off. The second
most important building of Prague in the second half of the last century, the imposing National Museum,
was intended not only to be simply an exhibition area for the museum collections, but also a site for
a National Pantheon. The hall of greatest honour in the museum, beneath the majestic golden cupola, is
reserved for the memory of great personalities of the Czech nation; four pictures on the wall depict
important moments in Czech history; four bronze statues and thirty-one busts of the foremost Czech artists
and politicians of the last two centuries create the main part of the Pantheon's decoration, which serves
for ceremonial occasions and burials of nationally important people. The national idea governing the whole
of Czech thinking in the 19th century in all areas and forms influenced the external and internal decoration
of the museum to the last detail.

53. Der obere Teil des Wenzelsplatzes ist - dort, wo das Pferdetor einst stand - vom zweitbedeu-
tendsten Prager Bau, aus der zweiten Hälfte des vorigen Jahrhunderts, beendet. Das imposante Ge-
bäude des Nationalmuseums wurde nicht nur als Ausstellungsraum für Museumssammlungen gedacht,
sondern auch als Ort für das nationale Pantheon. Der ehrenvollste Platz unter der majestätischen gol-
denen Kuppel ist dem Andenken der großen Persönlichkeiten der tschechischen Nation vorbehalten.Vier
Wandgemälde, die die bedeutendsten Momente der tschechischen Geschichte darstellen, vier Bronze-
statuen und einunddreißig Büsten der berühmtesten tschechischen Künstler und Politiker der letzten

zwei Jahrhunderte bilden den, zu feierlichen Anlässen und Bestattungen verdienstvoller Persönlichkeiten bestimmten, Hauptteil des Pantheoninneren. Der, die ganze tschechische Denkweise im 19. Jh. beherrschenden, Nationalidee ist die innere und äußere Ausschmückung des Museums bis ins letzte Detail untergeordnet.

53. Un des plus importants édifices de Prague de la deuxième moitié du XIXe siècle semble barrer la partie supérieure de la place Venceslas, à l'endroit où se trouvait la Porte des chevaux. Cet édifice imposant du Musée National était prévu non seulement pour abriter des collections de musée, mais aussi pour devenir un Panthéon national. L'espace de plus majestueux, sous la coupole dorée, a été réservé à la mémoire des personnages éminents de la nation. Quatre peintures murales évoquent les grands événements de l'historie de la Bohême, quatre statues en bronze et trente et un bustes des artistes et politiciens les plus remarquables des deux derniers siècles décorent la partie principale du Panthéon, destinée aussi aux grandes occasions et obsèques nationales. L'ensemble et les moindres détails de la décoration aussi bien extérieure qu'intérieure s'adaptent aux idéals patriotiques qui dominaient l'esprit tchèque au XIXe siècle.

Čtyřkřídlová více jak 100 metrů dlouhá budova **NÁRODNÍHO MUZEA** byla v l. 1885-1890 postavena podle projektu arch. J. Schulze v novorenesančním slohu. Na její bohaté výzdobě se podíleli nejenom nejpřednější čeští výtvarní umělci té doby, ale i řada sochařů zahraničních.

More than a hundred meters long, **THE NATIONAL MUSEUM** with its four wings was built in 1885-1890, following the plans of the architect J. Schulz in neo-Renaissance style. Not only the foremost Czech artists of the time, but also many foreign sculptors participated in its rich ornamentation.

Das mehr als 100 m lange Vierflügelgebäude des **NATIONALMUSEUMS** wurde nach Entwürfen des Architekten J. Schulz im Neorenaissancestil 1885-1890 errichtet. An seiner reichen Verzierung nahmen nicht nur tschechische Künstler der Zeit, sondern auch manche ausländische Bildhauer teil.

L'édifice du **MUSÉE NATIONAL** aux quatres ailes, plus de 100 m de long, a été construit de 1885 à 1890 d'après le projet de J. Schulz en style néo-Renaissance. Sa riche décoration est l'oeuvre non seulement des meilleurs artistes tchèques, mais aussi des sculpteurs étrangers.

KOŇSKÁ BRÁNA.

kolem r. 1870

54. Ve dvacátých a třicátých letech našeho století procházelo hlavní město nového státu obdobím velké stavební aktivity. Město prorůstalo do stále vzdálenějších částí svých předměstí, ale čilá stavební činnost probíhala i ve vnitřní Praze. Výraznou stopu zanechal v pražské architektuře i architekt jihoslovanského původu Josip Plečnik, ve dvacátých letech hlavní architekt Pražského hradu. Jedním z nejpozoruhodnějších děl, jež v Praze vytvořil, je tento kostel na vinohradském náměstí Jiřího z Poděbrad. Jako v celém jeho díle i zde se prolínají prvky moderní architektury se symbolikou inspirovanou orientálním mysticismem.

54. In the twenties and thirties of our century, the capital of the new state underwent many architectural changes. The town centre spread into more and more distant parts of its suburbs, but new architectural activity was carried out throughout Prague. A significant trace was left in Prague architecture by the architect Josip Plečnik, who was in the twenties the chief architect of the Prague Castle. One of the most remarkable works which he left in Prague is this church on the square of George of Poděbrady in the Vinohrady district. In all his work, the features of modern architecture intertwine with symbolism inspired by oriental mysticism.

54. In den zwanziger und dreißiger Jahren unseres Jahrhunderts kam es in der Hauptstadt des neuen Staates zu einer großen Bauaktivität. Die Stadt drängte sich in immer weiter entfernt liegende Gebiete, ihre Vorstädte hinein, aber viel gebaut wurde auch im inneren Prag. Eine bedeutende Spur hinterließ in der Prager Architektur auch der südslawische Architekt Josip Plečnik, in den zwanziger Jahren Hauptarchitekt der Prager Burg. Eines der bemerkenswertesten Werke, die er in Prag schuf, ist diese Kirche

auf dem Weinberger Platz Jiřího z Poděbrad. Wie in seinem ganzen Werk vermischen sich hier Elemente der modernen Architektur mit der, durch den orientalischen Mystizismus inspirierten, Symbolik.

54. Les années vingt et trente de notre siècle, c'est - dans la capitale d'Etat qui venait de naître - une période d'une intense activité dans le domaine de l'architecture. La ville s'agrandissait en s'étendant vers la banlieue, mais la même activité se manifestait aussi dans le centre de Prague. Dans les années vingt, Josip Plečnik, un Slovène, architecte principal au Château de Prague, a laissé une trace marquante dans l'architecture de la ville. Une de ses oeuvres les plus remarquables est cette église sur la place Jiří de Poděbrady. Ici, comme aussi dans ses autres oeuvres, s'interpénètrent les éléments de l'architecture moderne et une symbolique inspirée par le mysticisme oriental.

Kostel **NEJSVĚTĚJŠÍHO SRDCE PÁNĚ** byl postaven v l. 1928-1932, zůstal však nedokončen.

THE CHURCH OF THE LORD'S HOLIEST HEART was built in 1928-1932, but remained unfinished.

DIE HERZ-JESU-KIRCHE wurde 1928-1932 erbaut, blieb aber unvollendet.

L'ÉGLISE DU SACRÉ COEUR a été construite de 1928 -1932, mais elle est restée inachevée.

55. Česká architektura dvacátého století prošla etapami, kdy dosáhla světové úrovně i světového ohlasu a stejně tak i údobími hlubokého úpadku, poznamenávajícími Prahu nevzhlednými a nefunkč-ními účelovými i „reprezentativními" stavbami. O té dobré i o té špatné architektuře byly zpravidla ve-

deny vášnivé diskuse. Nevyhnula se jim ani nová pražská televizní a rozhlasová věž, o jejíž umělecké hodnotě, funkčnosti i ekologických aspektech se diskutovalo obzvlášť ohnivě. Často teprve čas ukázal, zda ta či ona stavba patří mezi ty prvé nebo druhé. V případě této věže se ale přece jenom už nyní zdá, že jde nejspíš o případ první.

55. Czech architecture of the 20th century went through a period when it reached world quality and fame, as well as through periods of deep decay, leaving Prague with ugly non-functional „representative" buildings. Passionate discussions were led on the good as well as the bad architecture. Not even the new Prague television and radio tower escaped fiery discussion, about all aspects artistic, functional and ecological. Time is normally the final arbiter as to whether this or that building belongs to the first group or the second, the good or the bad, but in the case of this tower, it seems now that it belongs to the first category.

55. Die tschechische Architektur des zwanzigsten Jahrhunderts erlebte Etappen, wo sie Weltstandard und -nachhall erreichte, sowie Verfallsstadien, die Prag durch unansehnliche, funktionslose „Repräsentations-" und Zweckbauten kennzeichneten. Die gute sowie die schlechte Architektur wurde gewöhnlich heftig diskutiert. Selbst der neue Funk- und Fernsehturm entging den Diskussionen nicht, über dessen künstlerischen Wert, dessen Funktion und ökologische Aspekte besonders feurig diskutiert wurde. Erst die Zeit zeigt oft, ob der oder jener Bau in die erste oder zweite Gruppe gehört. Im Fall dieses Turmes scheint es aber schon, daß es sich um die bessere Variante handelt.

55. L'architecture tchèque du XXe siècle a connu des périodes où elle a atteint un niveau remarquable et une renommée mondiale, mais aussi des périodes du déclin dont nous avons hérité des bâtiments déplaisants, non fonctionnels, „représentatifs". On discutait passionément de la bonne et de la mauvaise architecture. Des discussions particulièrement enflammées concernaient la nouvelle tour d'émetteur de radio et de télévision, sa valeur artistique, sa fonction et le côté écologique. Souvent, on ne découvre qu'au bout d'un certain temps si telle ou telle construction sera classée parmi les constructions de valeur ou parmi les autres. Quant à cette tour, il paraît en ce moment qu'il s'agit plutôt d'une construction de valeur.

TELEVIZNÍ VĚŽ navrhl ing. arch. V. Aulický a stavěna byla v l. 1985-1992. Vysoká je 216 m.

THE TELEVISION TOWER was designed by architect V. Aulický and was built in 1985-1992. Its height is 216 m.

DER FERNSEHTURM wurde vom Dipl. Ing.-Arch. V. Aulický entworfen und 1985-1992 gebaut. Er ist 216 m hoch.

LA TOUR D'ÉMETTEUR DE TÉLÉVISION a été projetée par V. Aulický et construite de 1985 à 1992. Elle est haute de 216 m.

56. Městské hřbitovy nejsou jenom navýsost soukromými a intimními pietními místy spojenými s osobními a rodinnými tradicemi a vzpomínkami. Jsou i svébytnými památníky kultury minulých dob i naší současnosti. Svou stopu na nich zanechávají i politické proměny. S tím vším se setkáváme i na největším z pražských hřbitovů, na Olšanech. Počátky dnešního komplexu čtrnácti hřbitovů jsou spojeny s metlou všech středověkých i raně novověkých měst - s morem; poprvé se tu začalo pohřbívat za morové nákazy roku 1679. Pak se hřbitov stal hlavním hřbitovem pro pravobřežní část Prahy a během dvou staletí se stal velkou galerií české funerální plastiky.

56. The municipal cemeteries are not only very intimate sacred areas connected with personal and family memories traditions, but are also a specific monument of the culture of the past and present of the Czech people, and as such, have been influenced by political changes. We can see this at the biggest of the Prague cemeteries in the Olšany district. The origins of the whole fourteen-cemetery complex are connected with the menace of the Plague in all medieval and early New Age towns. The first people buried there were victims of the Plague epidemic of 1679. The cemetery then became the main one for the eastern bank part of Prague, and over two centuries, also a large gallery of Czech funeral plastic arts.

56. Stadtfriedhöfe sind nicht nur höchst private und intime pietätvolle, mit persönlichen und Familientraditionen, sowie Erinnerungen verbundene Anlagen, sondern auch eigenartige Kulturdenkmäler der Vergangenheit, sowie der Gegenwart. Ihren Abdruck hinterlassen dort auch politische Veränderungen. Damit treffen wir uns auch auf dem größten Prager Friedhof Olšany. Die Anfänge des heutigen Komplexes von vierzehn Friedhöfen sind mit der Geißel aller mittelalterlichen und frühneuzeitlichen Städte verknüpft - mit der Pest. Zum ersten Mal begann man, hier während der Pestepidemie 1679 Gräber anzulegen. Dann wurde dieser Friedhof zum Hauptfriedhof für den am rechten Moldauufer li-

egenden Teil Prags. Im Laufe von zwei Jahrhunderten wurde er zur größten Galerie der tschechischen Funeralplastik.

56. Les cimetières des villes ne sont pas que des lieux de piété privée et intime consacrés aux traditions familiales et souvenirs personnels. Ce sont aussi des monuments particuliers de la culture des temps passés ainsi que de la nôtre. Même les changements politiques y laissent leurs traces. C'est ce qu' on trouve dans le plus grand des cimetières de Prague, à Olšany. Le complexe actuel de 14 cimetières date du temps de la peste - ce fléau de toutes les villes du Moyen âge et de plusieurs siècles suivants. Les premiers enterrements y avaient lieu au temps de la peste en 1679. Plus tard, ce cimetière est devenu cimetière principal pour les quartiers de la rive droite de la Vltava. Au cours de deux siècles, il est devenu un grand musée de la sculpture funéraire.

OLŠANSKÉ HŘBITOVY byly založeny r. 1679, trvale se na nich pohřbívá od sklonku 18. stol. Jejich součástí je i *hřbitov židovský* a *ruský*, stejně jako *vojenské hřbitovy* s ostatky vojáků z napoleonských válek i z obou válek světových.

THE OLŠANY CEMETERIES were founded in 1679. People have been continuously buried there since the end of the 18th century. They also include a *Jewish* and a *Russian cemetery*, as well as the *military cemeteries* with the remains of the soldiers from the Napoleonic Wars and from both the World Wars.

DIE FRIEDHÖFE OLŠANY wurden 1679 gegründet. Seit Ende des 18. Jh. bis heute haben sie die Funktion eines normalen Friedhofs inne. Ihr Bestandteil sind auch der *russische* und *jüdische Friedhof* und die *Militärfriedhöfe* mit den Überresten der Soldaten aus den Napoleon- und den beiden Weltkriegen.

LES CIMETIÈRES D'OLŠANY ont été fondé en 1679. Des enterrements y avaient lieu sans interruption à partir de la fin du XVIIIᵉ siècle. Il y a aussi un *cimetière juif* et *russe*, de même que des *cimetières des soldats* des guerres napoléoniennes et des deux guerres mondiales.

57. Pražskou kulturu moderní doby spoluvytvářela vedle kultury české i kultura německá. S oběma jsou neodmyslitelně spojeni i významní židovští umělci. A tak na olšanském židovském hřbitově leží pospolu významný český básník existencionálního proudu Jiří Orten (1919-1941), světově proslulý prozaik a sportovní novinář Ota Pavel (1930-1973), alespoň pamětní desku tu má v Tel Avivu zemřelý Max Brod (1884-1968) a odpočívá tu i nejslavnější z pražských německy píšících spisovatelů Franz Kafka (1883-1924).

57. Prague culture in the modern age came about side by side with German culture, and to both contributed a significant number of Jewish artists. At the Olšanský Jewish Cemetery rests the important existentialist Czech poet, Jiří Orten (1919-1941) and the world-famous writer and sport journalist, Ota Pavel (1930-1973). There is a memorial plaque to Max Brod, who died in Tel Aviv (1884-1968), and the most famous of Prague German-writing authors, Franz Kafka (1883-1924) is buried here.

57. Neben der tschechischen Kultur wurde die Prager Kultur der neuen Zeit auch von der deutschen Kultur gestaltet. Von beiden sind die bedeutenden jüdischen Künstler nicht wegzudenken. So liegen auf dem jüdischen Friedhof Olšany der bedeutende tschechische Dichter existentieller Richtung Jiří Orten (1919-1941), der weltberühmte Prosaist und Sportjournalist Ota Pavel (1930-1973) beisammen, eine Gedenktafel hat hier der in Tel Aviv verstorbene Max Brod (1884-1968), und hier ruht auch der bekannteste von den deutsch schreibenden Schriftstellern Prags Franz Kafka (1883-1924).

57. La culture de Prague de l'époque moderne est l'oeuvre commune des cultures tchèque et allemande inséparablement liées à la culture juive. Au cimetière de Olšany reposent ensemble des artistes

Jiří Orten (1919 -1941), remarquable poète d'orientation existentialiste; Ota Pavel (1930 -1973), prosateur et journaliste sportif mondialement connu; il y a une plaque commémorative à Max Brod (1884 -1968) mort à Tel Aviv; et y repose aussi Franz Kafka (1883 -1924), le plus célèbre des écrivains pragois de langue allemande.

OLŠANSKÝ ŽIDOVSKÝ HŘBITOV byl založen r. 1890, kdy již nedostačoval starý žižkovský židovský hřbitov, který stával v místech dnešní nové televizní věže a na němž bylo r. 1891 zakázáno pohřbívat. Součástí hřbitova jsou i dvě obřadní síně, starší v novorenesančním slohu od arch. B. Münzbergera a novější, funkcionalistická podle projektu arch. L. Abrmanna.

THE OLŠANSKÝ JEWISH CEMETERY was founded in 1890 when the old Jewish cemetery in the Prague Žižkov district was not sufficient and was closed in 1891. One part of the cemetery are two ceremonial halls, the old in a neo-Renaissance style by the architect B. Münzberger and a newer one, functionalist, by the architect L. Ehrmann.

DER JÜDISCHE FRIEDHOF OLŠANY wurde 1890 gegründet, als der alte jüdische Friedhof auf Žižkov, der an der Stelle des heutigen neuen Fernsehturms gelegen war, und wo 1891 Beerdigungen verboten waren, nicht mehr gereicht hatte. Zum Friedhof gehören auch zwei Zeremonienhallen, die ältere im Neorenaissancestil vom Architekten B. Münzberger und die neuere, funktionalistische vom Architekten L. Ehrmann.

LE CIMETIÈRE JUIF DE OLŠANY a été fondé en 1890 pour remplacer le vieux cimetière devenu insuffisant (il se trouvait à l'endroit où il y a aujourd'hui la tour d'émetteur de télévision) et où les enterrements ont été interdits depuis 1891. Il y a deux chapelles mortuaires, une plus ancienne en style neó-Renaissance par B. Münzberger et une plus récente, fonctionnaliste, d'après le projet de L. Ehrmann.

58. Strmý vrch při východním cípu Nového Města pražského se stal v květnu roku 1420 místem střetnutí husitských obránců Prahy v čele s táborským hejtmanem Janem Žižkou z Trocnova s křižáky při první křížové výpravě proti kacířským Čechám vedené císařem Zikmundem Lucemburským. Na paměť prvního husitského vítězství nad katolickou Evropou měla být na vrcholu kopce již na začátku našeho století postavena socha tohoto slavného husitského válečníka; nakonec tu byla obrovitá jezdecká socha Jana Žižky vztyčena až roku 1950 jako součást již na přelomu dvacátých a třicátých let postaveného Památníku Osvobození. Památník, vybudovaný na paměť československého odboje za první světové války a vzniku Československé republiky, byl po komunistickém převratu v únoru 1948 přeměněn na pohřebiště komunistických předáků. V současnosti je rekonstruován do své původní podoby.

58. The steep slope in the eastern corner of the New Town became in May 1420 the place of the conflict between the Hussite defenders (or „Bohemian heretics") of Prague led by the Taborite Jan Žižka of Trocnov, against the First Crusaders, led by the emperor Zikmund of Luxemburg. In the memory of the Hussite victory over Catholic Europe, a statue of this famous Hussite warrior was to be erected on the peak of the Žižkov hill at the beginning of our century, but did not in fact get built until 1950. The huge rider statue of Jan Žižka was erected first in 1950 as a part of the existing Liberation Memorial, built in the twenties and thirties. The Memorial, built to the memory of the Czechoslovak resistance in the First World War and of the birth of the Czechoslovak republic, was changed into a cemetery for Communist leaders after the Communist takeover in February 1948. It has now been reconstructed into its original shape.

58. Der steile Hügel am Ostrand der Prager Neustadt wurde im Mai 1420 zur Stätte des Zusammenstoßes der hussitischen Verteidiger Prags mit dem Taborer Hauptmann Jan Žižka von Trocnov an der Spitze und der Kreuzritter bei dem ersten Kreuzzug gegen das ketzerische Böhmen, geführt vom

Kaiser Sigmund von Luxemburg. Zum Andenken an den ersten Hussitensieg über dem katholischen Europa sollte auf dem Hügel schon Anfang unseres Jahrhunderts eine Statue dieses berühmten Hussitenkriegers gesetzt werden; erst 1950 wurde hier eine riesengroße Reiterstatue Jan Žižkas als Bestandteil des Befreiungsmahnmals errichtet, das hier Ende der zwanziger und Anfang der dreißiger Jahre erbaut wurde. Das Mahnmal zum Gedächtnis des tschechoslowakischen Widerstandes im ersten Weltkrieg und das Andenken an die Gründung der Tschechoslowakischen Republik wurde nach dem kommunistischen Umsturz 1948 in eine Begräbnisstätte der kommunistischen Führer umgewandelt. Heute wird es renoviert, um seine ursprüngliche Form zurückzuerhalten.

58. La colline raide à l'extrémité Est de la Nouvelle Ville de Prague est l'endroit où, au mois de mai 1420, les défenseurs hussites de Prague, menés par Jan Žižka, chef taborite, se sont battus contre les croisés de la première croisade déclarée contre la Bohême hérétique et menée par l'empereur Sigismond de Luxembourg. Au début de notre siècle il a été décidé d'ériger, à la mémoire de la première victoire hussite remportée sur l'Europe catholique, une statue à ce célèbre guerrier hussite. Une statue équestre gigantesque de Jan Žižka n'a pas été élevée qu'en 1950 et fait partie du Mémorial de la Libération construit vers la fin des années vingt. Ce monument érigé à la mémoire de la Résistance tchécoslovaque pendant la première guerre mondiale et à la naissance de la République tchécoslovaque, a été transformé, après le coup d'Etat communiste en février 1948, en lieu d'inhumation des chefs communistes. A présent, on le reconstruit pour lui donner son aspect originel.

PAMÁTNÍK OSVOBOZENÍ, projektoval arch. J. Zázvorka a postaven byl v l. 1929-1930. Strohá modernistická stavba byla po r. 1945 doplněna dostavbou Síně sovětské armády. Žižkova 9 m vysoká jezdecká socha podle návrhu B. Kafky byla odlita r. 1946 a o čtyři roky později instalována.

THE LIBERATION MEMORIAL was designed by the architect J. Zázvorka and built in 1929-1930. The severe modernist building was completed by the construction of the Hall of the Soviet Army after 1945. The nine-metre high rider statue mould of Jan Žižka was poured in the design of B. Kafka in 1946, and installed four years later.

DAS BEFREIUNGSMAHNMAL projektierte der Architekt J. Zázvorka, erbaut wurde es 1929-1930. Der streng modernistische Bau wurde nach 1945 mit der Halle der Sowjetarmee ergänzt. Žižkas 9 m hohe Reiterstatue wurde nach dem Entwurf B. Kafkas 1946 abgegossen und vier Jahre später installiert.

LE MÉMORIAL DE LA LIBÉRATION a été projeté par J. Zázvorka, construit de 1929 à 1930. A cette construction de style moderniste austère a été rajoutée en 1945 la Salle de l'Armée soviétique. La statue équestre à Jan Žižka, haute de 9 m, a été coulée en 1946 d'après le projet de B. Kafka et installée 4 ans plus tard.

59. V polovině čtyřicátých let minulého století neodolaly pražské hradby náporu moderní technické doby a otevřely průchod železničním kolejím. Hned za novoměstským opevněním vzniklo první z pražských nádraží a před hradbami byly postaveny dva dlouhé kamenné viadukty. Praha tak získala důležité dopravní spojení jak přes Moravu s Vídní, tak i na severozápad, s Drážďany a Německem. Samotná budova nádraží i dnes městskou zástavbou zcela překryté viadukty jsou cennými architektonickými i technickými památkami; zatímco ale oba mosty již zub času značně poznamenal, získává nádražní budova znešvařená mnohými vestavbami svůj původní lesk a architektonickou čistotu.

59. In the mid-forties of the last century, Prague could no longer resist the pressure of the modern technical age and gave way to railway tracks immediately behind the new town walls, there being founded the first of the Prague railway stations. Two long stone viaducts were built in front of the walls and Prague thus acquired an important traffic connection to Vienna through Moravia, and in the other direction, to Dresden and Germany. The building of the station itself and the viaducts, now obscured by other buildings, are valuable architectural and technical monuments. But while both of the bridges have been damaged considerably by time, the station building is regaining its original glimmer and architectural purity despite its devaluation by the many ammendments.

59. In der Mitte der vierziger Jahre des vorigen Jahrhunderts konnte die Prager Stadtmauer dem Andrang der modernen technischen Zeit nicht mehr widerstehen und ließ der Eisenbahn freien Lauf. Gleich hinter der Neustädter Befestigung entstand der erste Prager Bahnhof. Vor der Befestigung wurden zwei lange steinerne Viadukte erbaut. Prag gewann also eine wichtige Verkehrsverbindung über Mähren nach Wien und nach Nordwesten mit Dresden und Deutschland. Das Bahnhofsgebäude selbst und die heute ganz verbauten Viadukte sind wertvolle architektonische und technische Denkmäler. Während der Zahn der Zeit an beiden Brücken in hohem Maße nagt, erhält das Bahnhofsgebäude, von vielen Einbauten verunstaltet, seinen ursprünglichen Glanz und architektonische Reinheit.

59. Au milieu des années quarante du siècle passé, les remparts de Prague n'ont plus résisté à l'attaque de l'ère technique moderne et ont ouvert la voie aux rails du chemin de fer. Tout près de la fortification de la Nouvelle Ville est née la première gare de Prague et devant les remparts on été construits deux longs viaducs en pierre. Prague pouvait donc profiter de liaisons ferroviaires importantes: par la Moravie avec Vienne, et vers le Nord-ouest par Dresde avec l'Allemagne. Le bâtiment de la gare, de même que les viaducs aujourd'hui entièrement recouverts de constructions urbaines, sont des monuments architecturaux et techniques de valeur. Tandis que les deux viaducs restent marqués par les injures du temps, le bâtiment de la gare, après avoir été déformé par plusieurs annexes, commence à retrouver son éclat originel et la pureté de son architecture.

Pozdně klasicistní budova **MASARYKOVA NÁDRAŽÍ** byla postavena v l. 1844-1845 podle návrhu arch. A. Jünglinga za dozoru vídeňského architekta P. Sprengera: zvlášť zajímavá je centrální litinová prosklená hala. Viadukty byly vybudovány podle návrhu A. Negrelliho v l. 1843-1851.

The late classicist **MASARYK STATION** was built in 1844-1845, following the plans of architect A. Jüngling, under the supervision of the Viennese architect P. Sprenger. The most interesting is the central cast iron glass hall. The viaducts were built as designed by A. Negrelli in 1843-1851.

Das spätklassizistische Gebäude des **MASARYK-BAHNHOFS** wurde 1844-1845 nach Plänen vom Arch. A. Jüngling unter Aufsicht des wienerischen Architekten P. Stranger erbaut. Besonders interessant ist die zentrale, mit Glas versehene Gußeisenhalle. Die Viadukte wurden nach dem Entwurf A. Negrellis 1843-1851 errichtet.

LA GARE MASARYK, en style du classicisme tardif, a été construit de 1844-1845, projeté par A. Jüngling et surveillé par P. Sprenger, architecte viennois. Particulièrement intéressant est le hall central, avec sa charpente en fonte et ses parois en verre. Les viaducs ont été construits d'après le projet de A. Negrelli de 1843 à 1851.

r. 1810

r. 1857

60. Po více jak jedno století byla nádraží hlavními vstupními branami do všech velkých evropských měst. Na nádražní budovy byly proto kladeny velké architektonické nároky; vždyť jimi se město svým návštěvníkům představovalo nejdříve. A tak bylo i v Praze budováno na počátku nového století nové nádraží navržené v právě nastupujícím modením secesním slohu. Na konci našeho století ale stará nádraží již ztrácejí svůj dominantní dopravní význam, přestávají vyhovovat současným nárokům a ztrácejí namnoze proto i svoji původní podobu. Dostavba pražského Hlavního nádraží se ale naštěstí ukryla pod zem a čistou architekturu původní budovy nenarušila.

60. For more than one century, the railway stations where the main entrance gates to all big European cities, they were the first things to be seen upon arrival, and so great architectural demands were laid on their construction. At the start of the new century, a new station was built in Prague in a new style - modern

134

Art Nouveau. However, later in our century, this station was less able to cope with the increased transportation demands, but any major extension threatened its architectural integrity. In the end, the station was adequately modernised by major construction underground.

60. Mehr als hundert Jahre waren Bahnhöfe Haupteingangstore in allen großen europäischen Städten. An die Bahnhofsgebäude wurden deshalb große architektonische Ansprüche gestellt. Die Stadt stellte sich dort ihren Besuchern zuerst vor. Auf solche Weise wurde auch ein neuer, im modernen Jugendstil entworfener Bahnhof in Prag, am Anfang des neuen Jahrhunderts, errichtet. Am Ende unseres Jahrhunderts verlieren alte Bahnhöfe jedoch ihre dominante Stellung,hören auf, den zeitgenössischen Ansprüchen zu entsprechen, und verlieren deshalb oft auch ihre ursprüngliche Form. Die Bauvollendung des Prager Hauptbahnhofs versteckte sich aber unter die Erde und stört die reine Architektur des originalen Gebäudes nicht.

60. Pendant plus d'un siècle, les gares étaient les principales portes d'entrée dans toutes les grandes villes européennes. C' est pourquoi on mettait accent sur l'architecture des bâtiments des gares: c'était la première rencontre des visiteurs avec la ville. Et c'est pourquoi, au début du siècle, on a bâti à Prague une nouvelle gare conçu dans le style moderne - Art nouveau qui commençait à être en vogue. A la fin de notre siècle, les vieilles gares perdent leur prédominance dans le domaine du transport, ne peuvent plus satisfaire les exigeances actuelles et très souvent perdent leur aspect originel. Les nouvelles constructions faisant partie à présent de la gare principale sont heureusement cachées au sous-sol et n'ont pas détérioré la pureté architecturale du bâtiment originel.

HLAVNÍ (WILSONOVO) NÁDRAŽÍ navržené arch. J. Fantou bylo vystavěno v l. 1901-1909. Na jeho bohaté sochařské a malířské výzdobě se podíleli i S. Sucharda, Č. Vosmík, B. Šimonovský, J. Fröhlich a další. Moderní dostavbu navrhli J. Danda, J. Bočan kol. r. 1967 a postavena byla v l. 1972-1977.

THE MAIN (WILSON) STATION, designed by the architect J. Fanta, was built in 1901-1909. The creators of its rich sculpture and painting were S. Sucharda, Č. Vosmík, B. Šimonovský, J. Fröhlich and others. The modern reconstruction was designed by J. Danda, J. Bočan 1967, and was carried out in 1972-1977.

DER HAUPTBAHNHOF (Wilson-Bahnhof), projektiert vom Arch. J. Fanta, wurde 1901-1909 erbaut. An der reichen Bildhauer- und Malerausschmückung nahmen u. a. auch S. Sucharda, Č. Vosmík, B. Šimonovský, J. Fröhlich teil. Die moderne Bauvollendung entwarfen J. Danda, J. Bočan mit Kollektiv im Jahre 1967, gemacht wurde sie 1972-1977.

LA GARE PRINCIPALE-WILSON projetée par J. Fanta, a été construite de 1901-1909. Sa riche décoration sculpturale et picturale est l'oeuvre d'autres artistes: S. Sucharda, Č. Vosmík, B. Šimonovský, J. Fröhlich et autres. Les constructions modernes annexes ont été projetées par J. Danda et J. Bočan en 1967 et construites de 1972 à 1977.

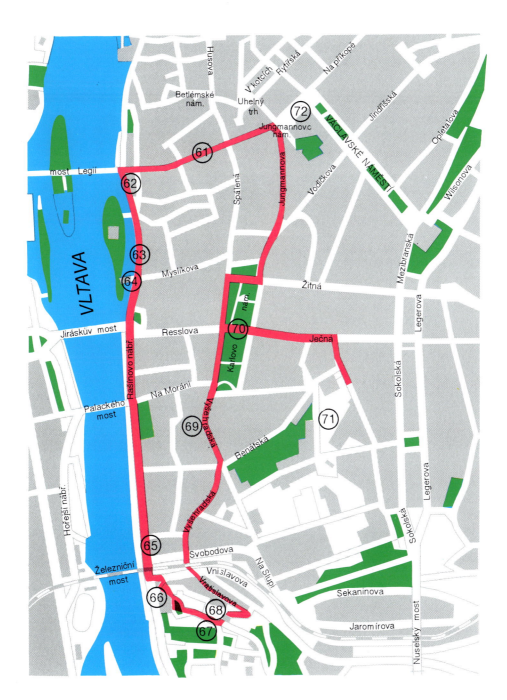

61　Národní třída

62　Národní divadlo

63　Masarykovo nábřeží

64　Šítkovská vodárenská věž

65　Výtoň

66　Kubistické vily pod Vyšehradem

67　Vyšehrad

68　Národní hřbitov na Vyšehradě

69　Klášter na Slovanech

70　Karlovo náměstí

71　Michnovský letohrádek zv. Amerika

72　Kostel P. Marie Sněžné

61. Také tato ulice byla původně hradebním příkopem. Roku 1781 byl zasypán a byly sem vysázeny lípy. V 19. století se tyto nové aleje - přezvané ovšem již na Ferdinandovu třídu - staly oblíbenou pražskou promenádou navazující na nábřeží s pohledem přes řeku na Petřín a Hradčanské panoráma. A město si na ní dávalo záležet: v sousedství barokních paláců a voršilského kláštera tu v polovině století vyrůstaly novorenesanční paláce, na počátku našeho století krásné secesní domy - a především, sem bylo rozhodnuto umístit budovu Národního divadla.

61. This street was also originally a fortification moat. It was filled up in 1781, and lined with linden trees. In the 19th century, the New Alleys, known at that time as Ferdinand Street, became a favourite Prague promenade, linked as it was to the embankment, and endowed with a view across the river to the Petřín Hill and Hradčany. The town therefore made sure the place was beautifully decorated: Next to the Baroque palaces and the Convent of the Order of St. Uršula, neo-Renaissance palaces were built in the mid-19th century, and at the beginning of our century, beautiful Art Nouveau houses. But above all, this was to be the site of the new National Theatre.

61. Auch diese Straße war einst ein Graben. 1781 wurde er zugeschüttet, und Linden wurden ausgesetzt. Im 19. Jh. wurden diese Neuen Alleen - allerdings schon auf „Ferdinandstraße" umbenannt - zur beliebten, an den Kai anknüpfenden Promenade, mit Blick über den Fluß auf den Petřín und das Hradschiner Panorama. In der Nachbarschaft der Barockpaläste und des Klosters der Ursulinerinnen wuchsen in der Mitte des Jahrhunderts Neorenaissancepaläste, am Anfang unseres Jahrhunderts schöne Jugendstilhäuser - und v. a. wurde beschlossen, das Gebäude des Nationaltheaters hier zu bauen.

61. A l'origine, cette rue avait été un fossé des fortifications. En 1781 il a été comblé et des tilleuls y ont été plantés. Au XIXe siècle, ces Nouvelles Allées - déjà rebaptisées Avenue Ferdinand - qui menaient au quai d'où avait une belle vue sur le panorama de Hradčany et sur Petřín, sont devenues une promenade préférée. La ville y apportait une grande attention: dans le voisinage des palais baroques et

du couvent des Ursulines se sont élevés au milieu du XIXe siècle des palais néo-Renaissance, plus tard, au début de notre siècle, de belles maisons Art nouveau - et surtout, il a été décidé d'y édifier le Théâtre National.

Dva rozlehlé novorenesanční paláce postavil na **NÁRODNÍ TŘÍDĚ** stavitel I. Ullmann: *palác České spořitelny* (dnes *Akademie věd České republiky*) v l. 1858-1861 a *palác hrabat Lažanských* (čp. 1012) v l. 1861-1863. Budovu *Topičova nakladatelství* (čp. 1010) a *pražské pojišťovny* (čp. 1011) navrhl na poč. 20. stol. O. Polívka.

Two vast neo-Renaissance palaces were built on **NATIONAL STREET** by the architect I. Ullmann. The palace of the *Czech Savings Bank* (today *the Czech Academy of Sciences*) was built in 1858-1861, and the *Palace of the Counts of Lažany* (no. 1012) was built in 1861-1863. The Baroque Topič publishing house (no. 1010), and Prague Insurance Company (no. 1011) were designed by O. Polívka at the beginning of the 20th century.

Zwei riesige Neorenaissancepaläste errichtete in der **NATIONALSTRAßE** der Baumeister I. Ullmann: den *Palast der Tschechischen Sparkasse* (heute *Akademie der Wissenschaften*) 1858-1861 und den *Palast der Grafen Lažanský* (Nr. 1012) 1861-1863. Das Gebäude des *Topič-Verlags* (Nr. 1010) und der *Prager Versicherungsanstalt* (Nr. 1011) entwarf am Anfang des 20. Jh. O. Polívka.

L'architecte I. Ullmann a construit dans la **AVENUE NATIONALE** deux vastes palais néo-Renaissance: le palais de *la Caisse d'épargne* (aujourd'hui *Académie tchèque des Sciences*) de 1858 à 1861 et le *palais Lažanský* (No 1012) de 1861 à 1863. O. Polívka a projeté l'édifice de la *Maison d'édition Topič* (No 1010) et de la *Compagnie d'assurances* (No 1011) au début du XXe siècle.

62. Nesporným vrcholem stavební i umělecké aktivity v Praze ve druhé polovině 19. století je bu-
dova Národního divadla. K jejímu vytvoření a výzdobě spojila své síly celá jedna generace českých
výtvarných umělců. Divadlo nebylo tehdy pro český národ jenom jednou z oblastí kultury a jedním
druhem umění. Jím vyjadřoval i mnohé ze svých tužeb, snah a přání. A všechno, co národ prostřed-
nictvím divadla vypovídal i vypovídat chtěl, se odráží v bohaté a významy i symboly naplněné vý-
tvarné výzdobě Národního divadla. Položení jeho základního kamene i jeho otevření bylo proto neje-
nom mimořádnou událostí kulturní, ale i politickou.

62. The climax of architectural and artistic activity in Prague during the second half of the 19th century
is undoubtedly the National Theatre. Its creation and decoration required the powers of one whole
generation of Czech artists. The Theatre represented not only a single of many branches of culture and
art, but the Czech nation was thereby able express many of its ambitions, aspirations, and desires, as
reflected in the rich, meaningful and symbolic decoration. The setting of the cornerstone and the opening
of the Theatre was not only an exceptional cultural event, but also a significant political one.

62. Höhepunkt der künstlerischen Bauaktivität in Prag der zweiten Hälfte des 19. Jh. ist unbestrit-
ten das Gebäude des Nationaltheaters. Zu dessen Bau und Ausstattung vereinte eine ganze Generation
der tschechischen bildenden Künstler ihre Kräfte. Für das damalige tschechische Volk war das Thea-
ter nicht nur einer von mehreren Kulturplätzen, nicht nur eine beliebige Spielart der Kunst. Es brachte
nämlich so manche seiner Bestrebungen, Wünsche und Verlangen zum Ausdruck. Und alles, was die
Nation mit Hilfe des Theateres aussagte und aussagen wollte, spiegelt sich in der reichen, von Sym-
bolen erfüllten Verzierung des Nationaltheaters wider. Die Grundsteinlegung und Eröffnung des The-
aters war nicht nur eine außerordentliche kulturelle, sondern auch eine politische Begebenheit.

62. L'édifice du Théâtre National est incontestablement un sommet de l'activité architecturale et ar-
tistique de Prague dans la deuxième moitié du XIXe siècle. Les artistes tchèques de toute la génération
se sont unis pour le construire et le décorer. A cette époque, le théâtre n'était pas pour la nation tchèque
seulement une des domaines de la culture et une des formes de l' art: c'était une manifestation de ma-
ints désirs, efforts et aspirations. Et tout ce que la nation exprimait et voulait exprimer par la con-
struction de ce théâtre, se manifeste par la splendide décoration plastique, riche de sens et de symbo-
les. C'est pourquoi la pose de la première pierre et l'inauguration du Théâtre National étaient des
événements culturels et politiques extraordinaires.

NÁRODNÍ DIVADLO navrhl ve stylu severoitalské pozdní renesance arch. J. Zítek. Stavba, probíhající v l. 1868-1881, byla financována ze sbírek, na nichž se podílely všechny vrstvy národa. Ještě nedokončené, ale již otevřené divadlo bylo 12. srpna 1881 téměř zničeno velkým požárem, avšak z nových sbírek bylo během následujících dvou let znovu vybudováno. Výtvarně nejcennější je divadelní foyer a místnosti prezidentské (královské) lóže. V l. 1977-1983 byla budova modernizována a rekonstruována a byly k ní přistavěny i nové doplňovací budovy včetně druhé divadelní scény. Autorem návrhu správních budov je P. Kupka, novou divadelní budovu navrhl arch. K. Prager.

THE NATIONAL THEATRE was designed in the style of North Italian late Renaissance by the architect J. Zítek. The construction carried out in 1868-1881 was financed by collections gathered from all levels of the population. The unfinished but operational Theatre was almost destroyed by a large fire on August 12, 1881, but was rebuilt in the two following years, financed by new collections. The most valuable part artistically is the Theatre foyer and the rooms of the presidential (royal) box. In 1977-1983, the building was modernised and reconstructed, and new buildings were added to it, including the New Stage theatre. The author of the plan of the administrative buildings was P. Kupka. The new theatre building was designed by the architect K. Prager.

DAS NATIONALTHEATER entwarf der Architekt J. Zítek im Stil der norditalienischen Spätrenaissance. Der Bau verlief in den Jahren 1868-1881, finanziert wurde er durch Spenden aller Bevölkerungsschichten. Das noch nicht fertige, aber schon eröffnete Theater wurde am 12. August 1881 von einem großen Brand fast vernichtet, aber mit Hilfe neuer Geldsammlungen wurde es in den folgenden zwei Jahren wieder aufgebaut. Künstlerisch am wertvollsten sind das Foyer und Räume der (königlichen) Präsidentenloge. 1977-1983 wurde das Gebäude modernisiert und renoviert, und neue Ergänzungsgebäude mit einer neuen Theaterszene wurden angebaut. Der Entwurf des Verwaltungsgebäudes wurde von P. Kupka erstellt, das neue Theatergebäude projektierte der Architekt K. Prager.

C'est l'architecte J. Zítek qui a projeté **LE THÉÂTRE NATIONAL** en style Renaissance tardive de l'Italie du Nord. La construction - de 1868 à 1881 - a été payée avec de l'argent d'une collecte à laquelle participaient toutes les couches sociales. Le 12 août 1881, ce théâtre pas encore parachevé, mais déjà inauguré, a été presque entièremnet détruit par un incendie. Mais grâce à une nouvelle collecte, il a été de nouveau construit au cours de deux années suivantes. La partie la plus précieuse du point de vue artistique est le foyer du tréâtre et la loge présidentielle (royale). En 1977-1983, l'édifice a été modernisé et reconstruit et de nouveaux bâtiments ont été construits: un édifice de l'administration (projeté par P. Kupka) et un édifice pour la deuxième scène du théâtre (projeté par K. Prager).

r. 1881

63. Také Praha měla mít po vzoru jiných evropských velkoměst honosná nábřeží s paláci kulturních institucí i luxusními obytnými domy. Nakonec se ale Praha svými průčelími od řeky odvrátila; jen na několika málo místech se podařilo původní plány uskutečnit. Jedním z nich je Masarykovo nábřeží zaplněné secesními domy, tvořícími spojovací pás mezi Národním divadlem a Mánesem. Jejich fasády, schodiště, chodby jsou plné drobných detailů dokládajících vyspělost české architektury i užitého umění na počátku století.

63. Prague was to follow the example of other European metropolis in boasting ostentatious embankments with palaces of various cultural institutions and luxurious houses. In the end, however, the original plans were carried out only in a few places. On the whole, Prague has diverted its face from the river. One of the spectacular embankments full of Art Nouveau houses is the Masaryk Embankment, connecting the National Theatre with the Mánes House. The facades staircases, and interior hallways of the houses are full of tiny details testifying to the maturity of Czech architecture and fine arts at the beginning of the century.

63. Nach dem Muster anderer europäischer Großstädte sollte auch Prag prunkvolle Kais mit Kulturpalästen und luxuriösen Wohnhäusern haben. Schließlich wendete sich aber Prag mit seinen Stirnwänden vom Fluß ab; nur an einigen wenigen Stellen gelang es, die usprünglichen Pläne zu realisieren. Einer davon ist der Masaryk-Kai mit Jugendstilhäusern, die einen Verbindungsstreifen zwischen dem Nationaltheater und dem Haus Mánes bilden. Ihre Fassaden, Treppenhäuser und Gänge sind voll von kleinen Details, die die Reife der tschechischen Architektur und der angewandten Kunst am Anfang des Jahrhunderts beweisen.

63. La ville de Prague, suivant le modèle d'autres grandes villes européennes, devait, elle aussi, avoir ses quais somptueux avec des palais des institutions culturelles et des immeubles de luxe. Mais finalement par ces façades avant Prague s'est détournée de la rivière et les projets n'ont été réalisés qu'en partie. C'est p. ex. le quai Masaryk, une rangée de maisons Art nouveau entre le Théâtre National et l'édifice Mánes. Leurs façades, escaliers et paliers aux fins détails sont une preuve du haut niveau de l'architecture et des arts décoratifs tchèques au début du siècle.

Domy na **MASARYKOVĚ NÁBŘEŽÍ** byly postaveny na přelomu 19. a 20. století; architektonicky cenný je zvlášť dům čp. 248 patřící kdysi *pěveckému sdružení Hlahol*, postavený v l. 1903-1905.

The buildings on the **MASARYK EMBANKMENT** were built at the turn of the 19th and 20th centuries, and especially valuable is house no. 248, which once belonged to the *Hlahol Choral Society*, built in 1903–1905.

Die Häuser auf dem **MASARYK-KAI** wurden zur Jahrhundertwende erbaut; architektonisch besonders wertvoll ist das in Jahrn 1903–1905 erbaute Haus Nr. 248, das einst dem *Sängerverein Hlahol* gehörte.

Les édifices sur **LE QUAI MASARYK** ont été construits à la fin du XIXe et au début de XXe siècle. C'est surtout la maison No 248, construite en 1903–1905, ayant appartenu jadis à la *chorale Hlahol*, qui a une valeur architecturale incontestable.

r. 1792

64. Spojování a prolínání staré a moderní architektury se stalo pro Prahu typickým jevem a zároveň složitým problémem. Pro Spolek výtvarných umělců Mánes, založený již na konci minulého století, byla ve třicátých letech našeho století postavena hned vedle staré gotické vodárenské věže moderní konstruktivistická stavba galerie s kavárnou a spolkovými místnostmi, která se okamžitě stala místem setkávání mnohých umělců. Kontrastní spojení černé gotiky a bílé moderny před frontou barevných secesních domů je jednou z ukázek zdařilého spojení starého a nového.

64. A typical feature and simultaneously a complicated problem of Prague is the coexistence of old and modern architecture. For Mánes, the group of artists, a modern contructivist building, consisting of a gallery, cafe and other rooms, was built in the thirties of our century, next to the old Gothic waterworks tower. The building soon became a meeting place for many artists. The contrasting connection of black Gothic and white modernity in front of a row of coloured Art Nouveau houses is once of the examples of successful integration of old and new.

64. Das Verbinden und Durchdringen der alten und neuen Architektur ist für Prag eine typische Erscheinung und zugleich ein kompliziertes Problem. Für den schon am Ende des vorigen Jahrhunderts gegründeten Verband der bildenden Künstler Mánes wurde, gleich neben dem alten gotischen Wasserwerk, eine moderne konstruktivistische Galerie mit einem Café und anderen Räumen erbaut. Sie wurde schnell zum Treffpunkt vieler Künstler. Diese Kontrastverbindung der schwarzen Gotik und der weißen Moderne vor der Front der bunten Jugendstilhäuser ist eines der Beispiele für eine gelungene Verbindung von Altem und Neuem.

64. Un trait caractéristique de Prague - et en même temps un problème compliqué-, c'est le rapprochement et l'interpénétration de l'architecture ancienne et moderne. Pour l'Association des artistes peintres et sculpteurs Mánes, fondée déjà à la fin du siècle passé, a été construite, dans les années trente de notre siècle, un édifice moderne constructiviste avec une salle d'expositions, un café et des locaux de l'associations; il est vite devenu un lieu de rencontres des artistes. Cette maison se trouve tout à côté d'une vieille Tour du château d'eau gothique. Ce rapprochement de contrastes entre le gothique noir, le modernisme blanc et les couleurs des façades des maisons Art nouveau présente un exemple d'un accord heureux entre le vieux et le nouveau.

ŠÍTKOVSKÁ VODÁRENSKÁ VĚŽ byla postavena r. 1489 a její dnešní podoba je ze 17. a 18. stol. Konstruktivistickou budovu *Mánesa* navrhl arch. O. Novotný r. 1930.

THE ŠÍTKOVSKÁ WATERWORKS TOWER was built in 1489 and its present shape is from the 17th and 18th centuries. The constructivist building of the *Mánes House* was designed by the architect O. Novotný in 1930.

DER ŠITKA-TURM wurde 1489 errichtet. Seine heutige Form ist aus dem 17. und 18. Jh. Das konstruktivistische *Haus Mánes* entwarf O. Novotný 1930.

TOUR DU CHÂTEAU D'EAU ŠÍTKA a été construite en 1489 et reconstruite dans sa forme actuelle au XVIIᵉ et XVIIIᵉ siècle. L'édifice moderne constructiviste *Mánes* de 1930 est l'oeuvre de O. Novotný.

r. 1635

65. Romanticky vnímané kouzlo staré Prahy nenávratně zmizelo během našeho bouřlivého století. Předměstské čtvrti plné chudých a bizarních uliček a zákoutí pohltilo rozrůstající se město a nahradilo je moderními ulicemi s velkými bloky domů. Zaniklo také staré Podskalí, vesnička rybářů, vorařů a obchodníků se dřevem, po staletí ukrytá za ostrohem vyšehradské skály. A s ní i kus života řeky i města, z něhož se dochovalo jen několik fotografií, pár metrů filmu a písničky, patřící k osobitému pražskému folklóru. A jedna jediná stavba, kdysi celnice a dnes muzeum připomínající ony staré časy.

65. The romantic charm of old Prague has irretrievably vanished during our stormy century. The suburban districts, full of poor and bizarre streets and corners, were swallowed up by the spreading centretown and replaced by more modern streets with large blocks of houses. The old Podskalí district, for example, a village of fishermen, rafters and wood salesmen, for centuries hidden behind the headland of the Vyšehrad cliff, has vanished altogether, and with it a great part of the life of the river and the town, now preserved only in a few photographs, films and songs, and as such a part of a specific Prague folklore. The only remaining building to remind one of the old times is the former Custom House, today a museum.

65. Der romantische Zauber des alten Prags verschwand unwiederbringlich während unseres bewegten Jahrhunderts. Die heranwachsende Stadt sog die von armen, bizzaren Gassen und Winkeln vollen Vorstädte, die durch moderne Straßen mit großen Häuserblocks ersetzt wurden. So ging das alte Podskalí unter, ein Fischer-, Flößer- und Holzhändlerdörflein, welches Jahrhunderte hinter dem Felsvorsprung des Vyšehrad versteckt war. Damit verlor die Landschaft ein Stück des „Flußlebens" und des Lebens der Stadt. Nur einige Fotos, ein paar Meter Film und Lieder, die zur typischen Prager Folklore gehören, ein einziger Bau, einst Zollhaus, jetzt Museum, erinnern an die alten Zeiten.

65. Pendant notre siècle orageux, le charme - perçu comme romantique - de la vieille Prague a disparu à jamais. Les quartiers périphériques aux ruelles et recoins pauvres et bizarres ont été absorbées

par la ville qui s'agrandissait et qui les a remplacés par des rues modernes et de grands pâtée d'habitations. Ainsi a disparu Podskalí, un village de pêcheurs, flotteurs de bois ou marchands de bois, un village caché pendant des siècles derrière l'éperon du rocher de Vyšehrad. Ainsi a disparu aussi une partie de la vie de la rivière et de la ville - on n'en connaît plus que quelques photographies, quelques mètres de films; et des chansons, une partie d'un folklore pragois original. Une seule construction, jadis un poste de douane, aujourd'hui un musée, rappelle ses vieux temps.

VÝTOŇ (čp. 412) je původní gotická z větší části roubená a omítnutá stavba z doby kol. r. 1500.

THE VÝTOŇ HOUSE (no. 412) is an original Gothic building, mostly made from wood, and plastered from 1500.

VÝTOŇ (Nr. 412) ist ein größtenteils gezimmerter, in der Zeit um 1500 entstandener gotischer Bau.

VÝTOŇ (No 412) est une construction gothique, en grande partie en bois, crépie, bâtie vers 1500.

II. pol. 19. stol.

r. 1870

147

66. V jiné podobě se s kontrastem dvou světů stavitelství setkáme i pod starobylým Vyšehradem. Na úzkém pásu podél řeky tu vybylo místo pro pět vil postavených ve slohu, který významně a výrazně poznamenal celé české výtvarné umění druhé čtvrtiny dvacátého století. Snad v žádné jiné zemi kromě samotné Francie nebyl kubismus přijat tak rychle a zároveň tak hluboce neprolnul s domácími výtvarnými tradicemi. V tom je zřejmě také vysvětlení toho, že se pražské kubistické stavby tak dobře snášejí se svým zpravidla historickým okolím.

66. We can also see a contrast between the two worlds of architecture beneath the old Vyšehrad castle, though in another form. On a narrow belt along the river, there remained enough space for five villas built in a style which significantly influenced the whole of Czech art in the second quarter of the 20th century. In no other country other than France was Cubism accepted so quickly, and the style thouroughly merged with local Czech traditions. This explains the fact that Prague Cubist buildings are usually in harmony with their historical environment.

66. Ein anderes Beispiel für den Kontrast zweier Bauweisen sehen wir auch unter dem altertümlichen Vyšehrad. Auf einem schmalen Streifen entlang des Flusses blieb Platz für fünf in dem Stil gebaute Villen, der die ganze tschechische bildende Kunst des zweiten Viertels des zwanzigsten Jh. so deutlich beeinflußte. In keinem anderen Land, außer Frankreich selbst, wurde der Kubismus so schnell angenommen und so tief mit einheimischen bildenden Traditionen durchdrungen. Damit erklärt man vielleicht, daß sich die Prager kubistischen Bauten so gut mit ihrer historischen Umgebung vertragen.

66. Au pied de Vyšehrad ancien, on voit encore un exemple du contraste de deux mondes de l'architecture. Sur le quai étroit le long de la rivière, il y avait tout de même assez d'espace pour y construire cinq villas - dans un style qui a profondément marqué tout l'art tchèque du deuxième quart du XXe siècle. Il n'existe probablement pas un pays - à part la France elle-même - où le cubisme ai été accepté si vite et où il se soit si profondément uni à la tradition artistique locale. Cela explique sans doute aussi le fait que les constructions cubistes de Prague s'accordent si bien avec leur voisinage pour la plupart historique.

KUBISTICKÉ VILY pod Vyšehradem jsou díly J. Chochola (čp. 42, 47, 49 a 71) a O. Novotného (čp. 48) a byly postaveny v l. 1912-1913.

THE CUBIST VILLAS beneath the Vyšehrad castle were designed by J. Chochol (nos. 42, 47, 49, 71) and by O. Novotný (no. 48) and were built in 1912-1913.

DIE KUBISTISCHEN VILLEN unter dem Vyšehrad sind Werke von J. Chochols (Nr. 42, 47, 49 und 72) und O. Novotný (Nr. 48). Erbaut wurden sie 1912-1913.

LES VILLAS CUBISTES au pied de Vyšehrad sont oeuvres de J. Chochol (No 42, 47, 49, 71) et de O. Novotný (No 48) et datent de 1912 -1913.

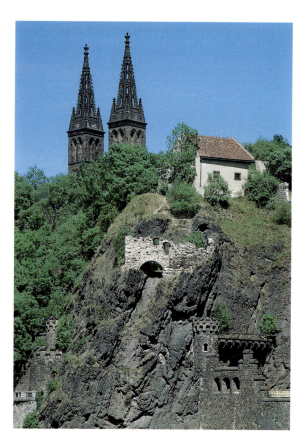

67. Strmá skála nad Vltavou je spojována s mytickými počátky českého státu a Prahy; zde mělo být sídlo legendárních zakladatelů přemyslovské dynastie Libuše a Přemysla, odtud měla Libuše věštit nesmrtelnou slávu Prahy, „jež hvězd se dotýká". Středověkou pověst, oživenou romantismem, vystřídala střízlivá vědecká pravda konstatující, že s prvními stopami lidského osídlení se tu setkáváme sice již ve 4. tisíciletí před Kr., ale jinak je středověká vyšehradská pevnost mladší než Pražský hrad. Ale přesto rádi podlehneme uprostřed parku se sochami s náměty starých pověstí či při pohledu z vysoké skály na řeku a město té iluzi dávných počátků...

67. The steep cliff above the Vltava river is an indelible part of the Czech nation's and Prague's mythical beginnings. It was supposed to be the seat of the legendary founders of the Přemysl dynasty, Libuše and Přemysl. From these heights, Libuše is supposed to have foretold the eternal fame of Prague which would „touch the stars". This medieval legend, revived during the Romantic period, was replaced by sober scientific truth which claimed that the first signs of settlement date from the fourth millenium BC, but that otherwise the medieval Vyšehrad castle is younger than the Prague castle. Nevertheless, visitors like to believe in the old legends of bygone beginnings when they stroll about the park and see the statues depicting the founding couple or when they look down from the high cliffs over the river...

67. Der steile Felsen über der Moldau ist mit mythischen Anfängen des tschechischen Staates und Prags verbunden; hier soll der Sitz der legendären Begründer der Dynastie der Přemysliden Libuše und Přemysl gewesen sein, von hier soll Libuše auch den unsterblichen Ruhm Prags, „der die Sterne berührt", prophezeit haben. Die mittelalterliche, vom Romantismus belebte Sage wurde durch schliche wissenschaftliche Wahrheit abgelöst, u. z. mit der Feststellung, daß die ersten Spuren der Besiedlung zwar schon aus dem 4. Jahrtausend stammen, aber sonst ist die mittelalterliche Festung auf dem Vyšehrad jünger als die Prager Burg. Trotzdem erliegen wir mitten im Park, bei den durch alte Sagen inspirierten Statuen oder beim Blick auf den Fluß und die Stadt, gern der Illusion der längst vergangenen Anfänge...

67. Les origines mythiques de l'Etat tchèque et de Prague se rattachent au rocher abrupt près de la Vltava. Là aurait été le siège des fondateurs légendaires de la dynastie des Přemyslides, Přemysl et Libuše, de là, Libuše aurait prédit à Prague la gloire immortelle „qui montera jusqu'aux étoiles". La légende médiévale, ravivée par le romantisme, a été remplacée par des recherches scientifiques exactes, constatant qu'en effect les traces d'habitations datent du IVe siècle avant J.-C., mais que la forteresse médiévale de Vyšehrad est plus récente que le Château de Prague. Pourtant, au milieu du parc, parmi les statues évoquant les sujets de légendes, ou bien en regardant la rivière et la ville de haut du rocher, on aime se laisser séduire par l'illusion et croire aux débuts très anciens.

VYŠEHRAD byl jako dřevěný hrad založen v 10. stol. a o století později byl přestavěn na hrad kamenný. Další velkou přestavbou prošel za Karla IV. ve 14. stol. a znovu v 17. stol., kdy mu I. Conti a J. Priami vtiskli barokní podobu z větší části zachovanou dodnes. Románská *rotunda sv. Martina* je z druhé pol. 11. stol., *basilika sv. Petra a Pavla* má svou dnešní novogotickou podobu z přelomu 19.

a 20. stol. (J. Mocker), ale její základy jsou také z druhé pol. 11. stol. Sousoší s motivy ze starých českých pověstí jsou od J. V. Myslbeka z l. 1889-1897 a zdobily původně most Palackého; sem byly přeneseny po r. 1945.

THE VYŠEHRAD CASTLE was built of wood in the 10th century and was rebuilt from stone a hundred years later. The next big reconstruction was carried out under Charles IV in the 14th century and again in the 17th century, when it was given a Barogue shape by I. Conti and J. Priami. The Romanesque *Rotunda of St. Martin* is from the second half of the 11th century. *The Basilica of St. Peter and St. Paul* received its neo-go shape at the turn of the 19th and 20th centuries (J. Mocker), but its foundations are from the second half of the 11th century. The sculptural group with motifs of old Czech legends are by J. V. Myslbek from 1889-1897 although they originally adorned the Palacký bridge, whence they were transported in 1945.

DER VYŠEHRAD wurde im 10. Jh. als eine Holzburg gegründet, hundert Jahre später wurde er aus Stein umgebaut. Zum nächsten großen Umbau kam es unter Karl IV. im 14. Jh. und noch einmal im 17. Jh. Damals bekam er eine barocke Form, u. z. von I. Conti und J. Priami, die größtenteils bis heute erhalten blieb. Die romanische *Rotunde St. Martin* ist aus der zweiten Hälfte des 11. Jh., die *St. Peter- und Pauls-Kirche* hat ihre neugotische Form aus der Jahrhundertwende (J. Mocker), aber ihre Fundamente sind auch aus der zweiten Hälfte des 11. Jh., die Statuengruppen mit Motiven der alten tschechischen Sagen schuf J. V. Myslbek (1889-1897). Sie schmückten zuerst die Palacký-Brücke; herübergetragen wurden sie nach 1945.

VYŠEHRAD à l'origine un château de bois, fondé au Xe s.; un siècle plus tard, il a été reconstruit en château de pierre; une nouvelle reconstruction a eu lieu à l'époque de Charles IV, au XIVe siècle; une nouvelle reconstruction, au XVIIe s., par I. Conto et J. Priami, en style baroque - cet aspect est en grande partie conservé jusqu'à présent. La *rotonde romane Saint-Martin* date de la deuxième moitié du XIe siècle, la *basilique Saint-Pierre et Saint-Paul* a son aspect néo-gothique de la fin du XIXe et le début du XXe siècle (J. Mocker), mais ses fondements datent aussi de la deuxième moitié du XIe siècle. Les groupes de statues évoquant les sujets des vieilles légendes tchèques, de J. V. Myslbek (de 1889 à 1897), se trouvaient à l'origine sur le pont Palacký, et on été transportés dans ce lieu après 1945.

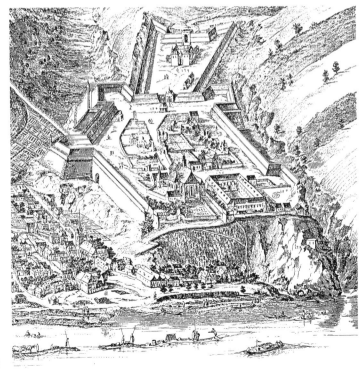

r. 1683

151

68. Právě sem, na Vyšehrad opředený nejvýznamnějším národním mýtem, bylo v polovině minulého století rozhodnuto umístit čestný národní hřbitov, na nějž by byli pohřbíváni nejzasloužilejší muži a ženy národa. Na starém, již středověkém a téměř neužívaném hřbitově dal v osmdesátých letech smíchovský starosta P. Fischer vybudovat velkou společnou hrobku nazvanou Slavín. Dodnes v ní bylo pochováno padesát jedna nejčelnějších českých umělců, vědců a politiků; hroby skoro pěti set dalších osobností najdeme po celém hřbitově. Jejich náhrobky jsou díly předních českých sochařů, a tak vznikla další z pražských galerií pod širým nebem.

68. In the mid-19th century, it was decided to move the National Cemetery of Honour to the Vyšehrad castle because of its connection to the most important national legend, and there the noted men and women of the nation would be buried. In the 1880s, Prague, P. Fischer, mayor of the Smíchov district, decided to transform and old, almost medieval and unused cemetery into a large communal grave called the Slavín. Fifty-one foremost Czech artists, scientists and politicians are now interred there and the graves of almost five hundred other personalities are elsewhere in the cemetery. Their tombstones were created by leading Czech sculptors, and thus another Prague „gallery" came into being.

68. In der Hälfte des vorigen Jahrhunderts wurde beschlossen, gerade hier, auf dem vom bedeutendsten Nationalmythus umwobenen Vyšehrad, einen Ehrenfriedhof anzulegen, wo die verdientesten Männer und Frauen dieses Volkes begraben werden. Auf einem alten und fast unbenutzten Friedhof ließ der Bürgermeister P. Fischer aus Smíchov in den achtziger Jahren eine große Gemeinschaftsgruft, die Slavín genannt wird, erbauen. Bis jetzt wurden darin einundfünfzig hervorragende tschechische Künstler, Wissenschaftler und Politiker begraben, darüber hinaus findet man Gräber von fast fünfhundert anderen Persönlichkeiten auf dem ganzen Friedhof. Ihre Grabsteine sind Werke von wichtigen tschechischen Bildhauern, und so entstand eine der Prager Galerien unter freiem Himmel.

68. Au milieu du siècle passé, il a été décidé de fonder à Vyšehrad - paré du mythe national le plus significatif - un cimetière national où seraient inhumés les hommes et les femmes les plus éminents de la nation. Dans le vieux cimetière médiéval, presque abandonné, le maire de Smíchov P. Fischer a fait construire, dans les années quatre vingt, un grand tombeau commun, le Slavín. Jusqu'à présent, 51 artistes, savants et politiciens remarquables y ont été enterrés; dans tout le cimetière, se trouvent des tombes de presque 500 autres parsonnages. D'excellents sculpteurs tchèques ont créé leurs monuments funéraires; un nouveau musée d'art en plein air est ainsi né.

Na **VYŠEHRADĚ** se začalo pohřbívat již v 11. stol., ale dnešní hřbitov byl založen až r. 1660. Jeho nová éra začala v 60. letech 19. stol., kdy se na jeho novém arch. řešení podíleli nejprve A. Barvitius (od 1875) a poté A. Wiehl, který je autorem Slavína (1889-1893).

The entire **VYŠEHRAD** cemetery was founded in the 11th century, but the place as it stands now dates from 1660. Its new era began in the 1860s, when it was given a new shape by A. Barvitius (from 1875) and later A. Wiehl, the author of the Slavín (1889-1893).

Auf dem **VYŠEHRAD** begann man, schon im 11. Jh. Gräber anzulegen, aber der heutige Friedhof wurde erst 1660 gegründet. Seine neue Ära fing in den 60. Jahren des 19. Jh. an. An seiner neuen architektonischen Lösung nahmen zuerst A. Barvitius (seit 1875) und dann A. Wiehl, Schöpfer des Slavíns (1889-1893), teil.

A **VYŠEHRAD,** les enterrements avaient eu lieu depuis le XIe s., mais le cimetière actuel n'a été fondé qu'en 1660. Son ère nouvelle commence dans les années soixante du XIXe siècle. La nouvelle conception architecturale est l'oeuvre d'abord de A. Barvitius (à partir de 1875) et puis de A. Wiehl qui est l'auteur de Slavín (1889 -1893).

r. 1601

69. Ve velikém zakladatelském díle císaře Karla IV. má své pevné místo i klášter Na Slovanech určený původně pro benediktiny slovanského obřadu. Založení kláštera souviselo se složitou teologickou koncepcí politiky a panovnické moci vzdělaného císaře. Proto také dal Karel klášter nákladně vyzdobit; naštěstí můžeme dodnes obdivovat nádhernou a cennou malířskou výzdobu křížové chodby, která přečkala zničující bombardování kláštera na konci druhé světové války. Přímo zasažen však byl kostel, který byl v šedesátých letech v moderním stylu znovu obnoven. Jeho prohnuté betonové věže jsou jednou z nejlepších ukázek skloubení historické a moderní architektury v Praze.

69. Among the works of the Emperor Charles IV is the Na Slovanech monastery, intended originally for Slav Benedictines. The foundations of the monastery related to a complex theologico-political concept about the reigning power of the educated Emperor. The monastery was therefore expensively decorated. One can admire the beautiful and priceless paintings of the cloister which survived the destructive bombing at the end of the Second World War. The church, however, was hit directly and was renovated in the sixties in a more modern style. Its concrete towers are one of the best examples of harmony between the historical and modern architecture in Prague.

69. Im großen Gründerwerk Karls IV. hat seine feste Stellung auch das Kloster Na Slovanech, ursprünglich für die Benediktiner Mönche des slawischen Ritus bestimmt. Die Gründung des Klosters

hing mit der komplizierten theologischen Konzeption der Politik und Herrschermacht des gebildeten Kaisers zusammen. Auch deshalb ließ Karl das Kloster kostspielig ausschmücken. Zum Glück können wir bis heute die wertvollen und herrlichen Malereien im Kreuzgang, die den vernichtenden Luftangriff am Ende des zweiten Weltkriegs überlebten bewundern. Direkt wurde aber die Kirche getroffen, die dann in den sechziger Jahren im modernen Stil wieder aufgebaut wurde. Ihre gebogenen Betontürme sind eines der besten Beispiele für das Zusammenfügen der historischen und modernen Architektur in Prag.

69. Dans l'ensemble des activités de l'empereur Charles IV, ce grand promoteur, la fondation du monastère Na Slovanech, destinné à l'origine aux bénédictins du rite slave, occupe une place importante. La fondation du monastère résultait d'une conception théologique compliquée de la politique et du pouvoir monarchique de cet empereur érudit. Il a fait décorer le monastère à grand frais. À présent encore, nous pouvons admirer les peintures murales magnifiques et précieuses du cloître, qui, par bonheur, n'ont pas été atteintes lors du raid aérien de la fin de la deuxième guerre mondiale. Mais l'église a été endommagée; dans les années soixante, elle a été restaurée dans un style moderne. Ses tours courbées, en béton, sont un des meilleurs exemples de l'accord de l'architecture moderne et historique de Prague.

KLÁŠTER NA SLOVANECH, zvaný též *Emauzský,* založil Karel IV. r. 1347. Dostavěn byl r. 1372, v 17. stol. byl barokizován a v 19. znovu regotizován. Dostavbu průčelí a věží navrhl F. M. Černý a realizována byla v l. 1966-1969.

THE NA SLOVANECH MONASTERY, also known as *The Emauzský Monastery* was founded by Charles IV in 1347. It was completed in 1372, rebuilt in a Baroque style in the 17th century, and rebuilt again in a Gothic style in the 19th century. The completion of the facade and the towers, designed by F. M. Černý, was carried out in 1966-1969.

DAS KLOSTER NA SLOVANECH, auch *Emauskloster* genannt, wurde von Karl IV. 1347 gegründet. Es wurde 1372 vollendet, im 17. Jh. barockisiert und im 19. Jh. wieder regotisiert. Die Bauvollendung der Stirnseite und der Türme entwarf F. M. Černý, realisiert wurde sie 1966-1969.

LE MONASTÈRE NA SLOVANECH appelé aussi *d'Emmaüs,* a été fondé par Charles IV en 1347, sa construction a été terminée en 1372; au XVIIe siècle, il a été reconstruit en style baroque, au XIXe siècle de nouveau en style gothique. L'achèvement de la façade devant et des tours, projeté par F. M. Černý, a été réalisé de 1966 à 1969.

r. 1493

r. 1832

70. Největší z náměstí Nového Města pražského a v době svého vzniku také největší evropské náměstí vůbec bylo jeho hospodářským, politickým i kulturním centrem. Podle toho, že se tu konaly velké trhy s dobytkem, se mu říkalo Dobytčí trh. Ale - v kontrastu opravdu typicky středověkém - se tu každoročně po Velikonocích odehrávala i zvláštní náboženská slavnost „ukazování" korunovačních klenotů a ostatků svatých, zavedená Karlem IV. Její tradici ukončila husitská revoluce. A její počátky jsou spojeny také s tímto náměstím; z oken novoměstské radnice byli 30. července 1419 vyhozeni novoměstští konšelé. Touto první pražskou defenestrací revoluce začala.

70. One of the biggest squares of the New Town was, at the time of its completion, also the largest European square, and was an economic, political, and cultural centre of the New Town. Called the Cattle Market Square after its main commercial activity, it was also a place where a special religious feast took place, called the „exhibition" of the Coronation Jewels and the Saints' Remains, a feast launched by Charles IV. The tradition came to an end with the Hussite revolution, which can be said to have also begun here when the New Town counsellors were thrown out of the windows of the New Town Hall on July 30th of 1419, the first Prague defenestration.

70. Der größte Platz der Prager Neustadt, zur Zeit seiner Entstehung sogar der größte europäische Platz überhaupt, war ihr wirtschaftliches, politisches und kulturelles Zentrum. Da hier große Viehmärkte stattfanden, nannte man ihn Viehmarkt. Aber - im typisch mittelalterlichen Gegensatz - spielte sich hier alljährlich ein besonderes, von Karl IV. eingeführtes Religionsfest ab - das „Vorführen" der Krönungskleinodien und Reliquien. Diese Tradition wurde in den Hussitenkriegen beendet, deren Anfänge auch mit diesem Platz verbunden sind. Aus den Fenstern des Neustädter Rathauses wurden am 30. Juli 1419 die Neustädter Ratsherren gestürzt. Mit diesem ersten Prager Fenstersturz begann die Revolution.

70. La plus grande des places de la Nouvelle Ville de Prague - et à l'époque de sa naissance la plus grande place de l'Europe - était son centre économique, politique et culturelle. Elle s'appelait Marché aux bestiaux d'après les grands marchés qui y avaient lieu. Pourtant - un contraste médiéval typique - tous les ans, après Pâques, y avait lieu une fête religieuse particulière, établie par Charles IV: la présentation des joyaux de la couronne et des reliques sacrées. Cette tradition a été supprimée par la révolution hussite. Les débuts de cette révolution sont d' ailleurs liés aussi à cette place: de l'Hôtel de la Nouvelle Ville, le peuple de Prague a défenestré, le 30 juillet 1419 les échevins catholiques. Cette défenestration, la première qui ait eu lieu à Prague, a signalé le début de la révolution.

KARLOVO NÁMĚSTÍ má rozlohu zhruba 8,5 ha. Jeho dnešní podobu mu vtisklo 19. a 20. stol.; z předchozí zástavby se dochovalo jen několik staveb. Pozornost si zaslouží původně gotický a v 18. stol. F. M. Kaňkou barokně přestavěný *tzv. Faustův dům* (čp. 502), *jezuitská novoměstská kolej* postavená C. Luragem a P. I. Bayerem (1658-1702) s *kostelem sv. Ignáce* z l. 1665-1677 též od C. Luraga a později M. Reinera. *Radnice* byla postavena ve druhé pol. 14. stol., její věž v l. 1451-1456. Jižní křídlo bylo renesančně přestavěno v l. 1520-1526. Další - klasicistní - přestavbou prošla radnice na konci 18. stol. a v l. 1904-1905 byla zrekonstruována do podoby z první pol. 16. stol.

CHARLES SQUARE is about 8.5 hectares large. It was given its present shape by the 19th and 20 th centuries. Only few of the original buildings have been preserved. The following are worthy of attention: the originally Gothic so-called *Faust House* (no. 502) rebuilt in the 18th century by F. M. Kaňka in a Baroque style; the *Jesuit New Town College*, built by C. Lurago and P. I. Bayer (1658-1702); the *St. Ignatius church* from 1665-1677 by C. Lurago and later by M. Reiner; the *Town Hall*, built in the second half of the 14th century, its tower in 1451-1456, and the southern wing rebuilt inf a Renaissance style in 1520-1526. Another reconstruction of the town hall - in a Classicist style - was carried out in the first half of the 18th century in 1904-1905. The Town Hall has since been rebuilt into its original shape from the first half of the 16th century.

DER KARLSPLATZ ist ungefähr 8,5 ha groß. Seine heutige Form erhielt er im 19. Jh.; von der älteren Bebauung blieben nur einige Bauten erhalten. Bemerkenswert sind das einst gotische und von F. M. Kaňka im 18. Jh. barock umgestaltete sogenannte *Fausthaus* (Nr. 502), das *Neustädter Jesuitenkolleg*, gebaut von C. Lurago und P. I. Bayer (1658-1702), mit der *St. Ignaz-Kirche* aus den Jahren 1665-1677, ebenfals von C. Lurago und M. Reiner gebaut. Das *Rathaus* wurde in der zweiten Hälfte des 14. Jh. errichtet, sein Turm 1451-1456. Der Südflügel wurde im Neorenaissancestil 1520-1526 umgebaut. Der nächste - klassizistische - Umbau wurde zu Ende des 18. Jh. durchgeführt, 1904-1905 wurde das Rathaus in den Zustand der ersten Hälfte des 16. Jh. renoviert.

LA PLACE CHARLES est d'une étendue de 8,5 ha. Son aspect actuel est l'oeuvre du XIXᵉ et XXᵉ siècles. Quant aux constructions antérieures, il n'en subsistent que quelques-unes. Les édifices qui méritent notre attention: une maison à l'origine gothique, reconstruite en style baroque par F. M. Kaňka au XVIIIᵉ siècle, appelée *maison Faust* (No 502); le *collège jésuite* construit par C. Lurago et P. I. Bayer (1658-1702); et *l'église Saint-Ignace* de 1665 à 1677, par C. Lurago et plus tard par M. Reiner. *L'Hôtel de ville* a été construit dans la deuxième moitié du XIVᵉ siècle, sa tour de 1451 à 1456. Son aile sud a été reconstruite de 1520 à 1526. L'Hôtel de ville a été réédifié encore à la fin du XVIIIᵉ siècle - en style classiciste. Une nouvelle reconstruction, de 1904 à 1905 lui a rendu son aspect de la première moitié du XVIᵉ siècle.

II. pol. 18. stol.

kolem r. 1785

71. Trhy na dobytek se nekonaly jenom na Karlově náměstí. Koncem 18. století jim sloužil i tento nádherný barokní letohrádek nedaleko náměstí. Jistě to nebylo právě důstojné využití stavby uprostřed zahrad a projektované ke zcela jiným účelům. Ale která doba důsledně dbá hodnot minulosti? Svého nového a odpovídajícího účelu se letohrádek dočkal až ve třicátých letech našeho století, kdy sem bylo umístěno muzeum Antonína Dvořáka, soustřeďující dokumenty k životu a dílu velkého českého hudebního skladatele.

71. The cattle markets did not only take place at Charles Squere, but also at this lovely Baroque summer house, close to the square at the end of the 18th century. This use of the building surrounded by gardens was certainly not dignified, but which period of history has ever paid attention to the values of the past? The summer house was eventually put to use in a more appropriate manner in the thirties of our century when it became the Antonín Dvořák museum, exhibiting documents about the life and work of the great Czech composer.

71. Viehmärkte fanden nicht nur auf dem Karlsplatz statt. Ende des 18. Jh. diente dazu auch dieses schöne barocke Lustschloß, unweit des Platzes. Solche Ausnutzung dieses zu anderen Zwecken projektierten Baus, inmitten der Gärten, war bestimmt nicht würdevoll. Aber welche Zeit beachtet die Werke der Vergangenheit konsequent? Erst in den dreißiger Jahren unseres Jahrhunderts bekam das Lustschloß eine neue, passende Aufgabe. Hier wurde das Antonín Dvořák-Museum untergebracht, das Dokumente zum Leben und Werk des großen tschechischen Komponisten sammelt.

71. Des marchés aux bestiaux n'avaient pas eu lieu que sur la Place Charles. Même ce magnifique pavillon de plaisance baroque avait été utilisé à cette fin. Ce n'était sûrement pas une manière convenable d'utiliser cette maison entourée de jardins et projetée en vue d'un tout autre but. Mais quelle époque respecte fidèlement les valeurs du passé? A partir des années trente de notre siècle, cette demeure remplit enfin une nouvelle fonction, digne d'elle: elle est devenue Musée Antonín Dvořák, y sont rassemblés des documents relatifs à la vie et l'oeuvre de ce grand compositeur tchèque.

MICHNOVSKÝ LETOHRÁDEK, zv. také *Amerika* byl podle návrhu K. I. Dienzenhofera postaven v l. 1712-1720. Sochařská výzdoba je od A. Brauna z doby kol. r. 1730, malířská od J. F. Schora z r. 1720.

THE MICHNOVSKÝ SUMMER HOUSE, also called *the Amerika House* was designed by K. I. Dienzenhofer, and built in 1712-1720. The sculptures are created by A. Braun from around 1730. The paintings are by J. F. Schor, from 1720.

DAS MICHNA-LUSTSCHLOß, auch *Amerika* genannt, wurde nach Plänen K. I. Dienzenhofers 1712-1720 erbaut. Die Plastiken sind von A. Braun, aus der Zeit um 1730, die Gemälde von J. F. Schor, aus dem Jahre 1720.

LE PAVILLON DE PLAISANCE MICHNA appelé aussi *villa Amerika* a été construit d'après le projet de K. I. Dienzenhofer de 1712 à 1720. Sa décoration picturale est l'oeuvre de J. F. Schor, sa décoration sculpturale de A. Braun.

72. Mezi četné pražské fundace Karla IV. patří i kostel P. Marie Sněžné, jehož stavba dodnes ční vysoko nad moderní zástavbu centra Prahy. Velkoryse založená, ale nikdy v úplnosti nedokončená stavba byla v 17. stol. doplněna budovami františkánského kláštera, jehož součástí byla i nedávno citlivě zrenovovaná a přestavěná Františkánská zahrada. Kostel měl podle Karlových záměrů být kostelem korunovačním, dějiny však jeho význam posunuly jiným směrem: za husitské revoluce se stal působištěm ohnivého kazatele Jana Želivského, jednoho z nejradikálnějších husitských vůdců.

72. The Church of the Snow-Pure Virgin Mary, whose building protrudes high above the modern Baroque of the centre of Prague, belongs among many Prague constructions founded by Charles IV.

Although generously founded, it was never completely finished. In the 17th century, it was extended by the buildings of a Franciscan monastery, including the Franciscan gardens, which were recently and sensitively renewed and rebuilt. The church was intended to be the place of coronation, but history distorted its fate into another direction. It became the pulpit of the fiery preacher Jan Želivský, one of the most radical Hussite leaders during the revolution.

72. Zu vielen von Karl IV. gegründeten Bauten gehört auch die Kirche Maria Schnee, deren Gebäude hoch über die moderne Verbauung des Stadtzentrums ragt. Großzügig gegründet, aber nie vollendet, wurde sie im 17. Jh. durch das Gebäude des Franziskanerklosters ergänzt, dessen Bestandteil auch der in letzter Zeit schön renovierte und umgebaute Franziskanergarten ist. Nach Karls Plänen sollte es eine Krönungskirche sein, die Geschichte änderte aber ihre Bedeutung: während der Hussitenrevolution wurde sie zur Wirkungsstätte des feurigen Predigers Jan Želivský, eines der radikalsten Hussitenführer.

72. Parmi les nombreuses fondations établies par Charles IV, citons aussi l'église Notre-Dame-des-Neiges qui s'élève aujourd' hui encore plus haut que les constructions modernes du centre de Prague.D'une conception de grande envergure, cette construction n'a jamais été complètement terminée. Au XVIIe siècle, y ont été rajoutés des bâtiments du monastère franciscain, dont faisait partie un jardin, qui a été récemment très bien renové. Charles IV a prévu cette église pour les couronnements, mais l'historie a pris une autre tournure: au cours de la révolution hussite, y a prêché Jan Želivský - prêcheur enflammé, un des chefs hussites les plus radicaux.

KOSTEL P. MARIE SNĚŽNÉ byl založen r. 1347. Během 16. stol. zpustl, znovu byl obnoven v 17. stol. Františkánský klášter je raně barokní stavba ze 17. stol., průčelím obrácená do Františkánské zahrady.

THE CHURCH OF THE SNOW-PURE VIRGIN MARY was founded in 1347. It deteriorated in the 16th century and was renovated in the 17th. The Franciscan monastery is an early Baroque building from the 17th century with its facade directed toward the Franciscan gardens.

DIE KIRCHE MARIA SCHNEE wurde 1347 gegründet. Im 16. Jh. wurde sie verwüstet und im 17. Jh. wieder erneuert. Das Franziskanerkloster ist ein frühbarocker Bau aus dem 17. Jh., seine Stirnwand ist dem Franziskanergarten zugewendet.

L'EGLISE NOTRE-DAME-DES-NEIGES a été fondé en 1347. Au cours du XVIe siècle elle était à l' abandon, mais elle a été restaurée. Le monstère est une construction baroque du XVIIe siècle, sa façade devant done sur le jardin franciscain.

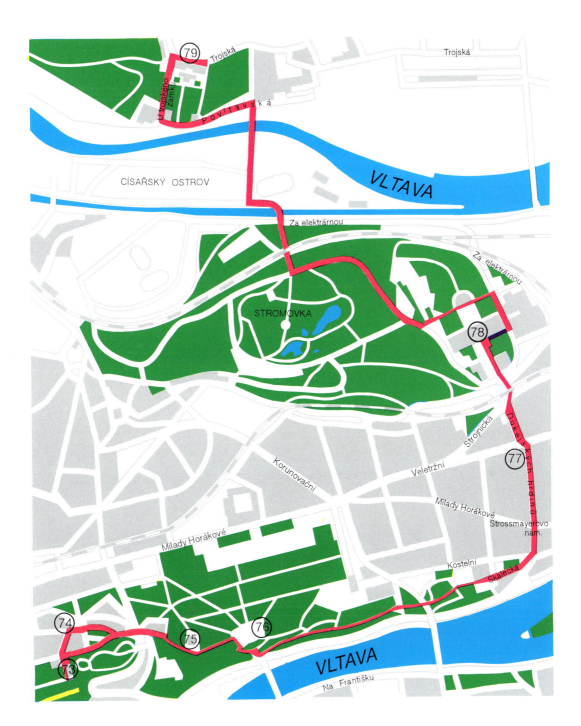

(73) Královský letohrádek   (77) Veletržní palác

(74) Bruská /Písecká/ brána   (78) Průmyslový palác

(75) Hanavský pavilon   (79) Trójský zámek

(76) Pražské mosty

73. Ve východním cípu Královské zahrady Pražského hradu stojí Královský letohrádek. Jeho krásná a v rámci nejen českého, ale celého renesančního stavitelství naprosto jedinečná architektura odvozená nikoli z italských renesančních vzorů, ale přímo z dispozice antických řeckých chrámů harmonicky ladí s prostředím rozlehlé zahrady i oblým temenem svahu, na němž stojí. Stejně jako nedaleko stojící Míčovna a ještě o něco dál Jízdárna Pražského hradu slouží i letohrádek jako výstavní prostor.

73. The Royal Summer House is situated in the eastern corner of the Royal Garden of the Prague Castle.

Its beautiful and unique architecture, not only in terms of Czech but also all Renaissance creations, was not derived from the Italian Renaissance models but directly from the Greek temples of antiquity. It is in harmony with the large surrounding garden and with the gentle slope on which it stands. The Summer House serves as an exhibition hall, as do the games court and horse riding area of the Prague Castle, both close by.

73. Am Ostende des Königsgartens der Prager Burg steht das Königliche Lustschloß. Seine schöne, nicht nur im Rahmen der böhmischen, sondern auch der ganzen Renaissance, völlig einzigartige Architektur, nicht von den italienischen Renaissancemustern, sondern direkt von den antiken, griechischen Tempeln abgeleitet, stimmt harmonisch mit der Umgebung des großen Gartens und des runden Abhangs, auf dem es steht, überein. Sowohl das nahe gelegene Ballhaus und ein Stück weiter die Reitschule der Prager Burg als auch das Lustschloß dienen als Ausstellungsräume.

73. A l'extrémité est du Jardin royal du Château se trouve le Pavillon royal de plaisance. Sa belle forme - tout à fait unique non seulement par rapport à l'architecture en Bohême, mais à toute l'architecture de la Renaissance italienne, mais sans intermédiaire celui des temples de la grèce antique - s'accorde harmonieusement avec l'ambiance du vaste jardin et le sommet arrondi de la pente. De même que le Jeu de paume et le Manège non loin de là, ce pavillon royal sert de salle d'exposition d'art.

KRÁLOVSKÝ LETOHRÁDEK, či také *Letohrádek královny Anny* anebo *Belvedér* dal v l. 1538-1552 a 1557-1563 stavět král Ferdinand I. italskými staviteli. Autor projektu není znám. Po zpustnutí byl letohrádek obnoven v l. 1845-1846 A. Grueberem. Nástěnné malby v 1. patře zobrazující scény z českých dějin jsou provedeny podle kartónů A. Rubena v l. 1851-1865.

THE ROYAL SUMMER HOUSE or *The Queen Anne Summer House* or *the Belvedere House* was built in 1538-1552 and 1557-1563 by Italian builders at the request of King Ferdinand I. The author of the plan remains unknown. The Summer House was renovated in 1845-1846 by A. Grueber. The paintings on the walls on the first floor, depicting scenes from Czech history, were painted following the outlines of A. Ruben in 1851-1865.

DAS KÖNIGLICHE LUSTSCHLOß oder *Lustschloß der Königin Anna* oder *Belvedere* ließ König Ferdinand I. 1538-1552 und 1557-1563 von italienischen Baumeistern errichten. Der Urheber des Projekts blieb unbekannt. Nach der Verwüstung wurde das Lustschloß in den Jahren 1845-1846 von A. Grueber renoviert. Die Wandmalereien stellen Szenen aus der böhmischen Geschichte dar, und wurden 1851-1865 nach Vorlagen von A. Rubens durchgeführt.

LE PAVILLON ROYAL DE PLAISANCE dit aussi pavillon *de la reine Anne* ou *Belvédère* a été construit de 1538 à 1552 et de 1557 à 1563 par des architectes italiens pour le roi Ferdinand Ier. Plus tard en très mauvais état, il a été restauré de 1845 -1846 par A. Grueber. Les peintures murales au Ier étage, représentant des scènes de l'histoire de la Bohême, ont été exécutées d'après les cartons de A. Ruben, de 1851-1865.

r. 1769

74. Jen na Petříně a pod Vyšehradem se dochovaly souvislejší části pražského městského opevnění. Jeho součástí bývala i Bruská anebo také Písecká brána, stojící dnes osamoceně na Mariánských hradbách. Hradby Starého Města byly postaveny v první polovině 13. století za krále Václava I., hradby malostranské hned nato v jeho druhé polovině. Praha se na staletí uzavřela do souvislého kamenného pásu opevnění, které se zanedlouho ukázalo jako velmi pevné a spolehlivé. A ještě ve druhé polovině 17. století byly pražské hradby zpevňovány a dostavovány, aby se Praha změnila v mohutnou pevnost. Ale od 18. století vojenský význam hradeb již upadal a Praha se jich nakonec zbavila v sedmdesátých letech 19. století.

74. The compact parts of Prague's municipal fortifications have been preserved only at the Petřín hill and beneath the Vyšehrad castle. Such a part was also the Bruská or Písecká Gate, now standing by itself in the Marianské walls. The walls of the Old Town were built in the first half of the 13th century under king Wenceslaus I, those of the Lesser Town in the second half. Prague was for centuries enclosed in a compact stone belt of fortifications which in a short time proved to be very firm and reliable, and in the second half of the 17th century were again reinforced and completed, in order do change Prague into a powerful fort. After the 18th century, however, the military effectiveness of the walls declined and most were dismantled in the 1870s.

74. Nur auf dem Petřín und unter dem Vyšehrad blieben längere Teile der Prager Stadtbefestigung erhalten. Ihr Bestandteil war auch das heute auf der Marienmauer isoliert stehende Burská- oder Písecká-Tor. Die Altstädter Befestigung wurde in der ersten Hälfte des 13. Jh. unter König Václav I. erbaut, die Kleinseitner Befestigung gleich danach in seiner zweiten Hälfte. Für Jahrhunderte wurde Prag in einen zusammenhängenden steinernen Ring der Befestigung geschlossen, die, wie sich in kurzer Zeit zeigte, sehr fest und zuverlässig war. Noch in der zweiten Hälfte des 17. Jh. wurden die Stadtmauern befestigt und ausgebaut, damit Prag in eine starke Festung verwandelt wurde. Aber seit dem 18. Jh.

sank die militärische Bedeutung der Befestigung, und Prag wurde sie in den 70. Jahren des 19. Jh. endlich los.

74. Il n'y a plus que des restes de fortifications de la ville de Prague, à Petřín et à Vyšehrad. La porte Bruská (Písecká) qui et faisait partie se trouve aujourd'hui sur les remparts Mariánské, tout à fait isolée. Les fortifications de la Vieille Ville ont été construites dans la première moitié du XIIIe siècle, sous le règne de Venceslas Ier, celles de la Malá Strana peu après, dans la deuxième moitié du même siècle. Pendant plusieurs siècles suivants, la ville restait enfermée dans une ceinture de fortifications de pierre qui ont bientôt fait preuve de leur solidité et résistance. Même dans la deuxième moitié du XVIIe siècle, les remparts ont été encore renforcés et consolidés pour faire de Prague une forteresse importante. Mais à partir du XVIIIe siècle leur importance militaire commençait à diminuer et dans les années soixante dix du XIXe siècle, Prague s'en est débarassée.

BRUSKÁ či **PÍSECKÁ BRÁNA** byla postavena r. 1721 podle návrhu K. Dienzenhofera. Od r. 1828 do ní jezdila první pražská, ještě koňská, železnice, dopravující do Prahy dřevo z křivoklátských lesů. Od r. 1845 tudy také vedla trať parní železnice do Olomouce a Drážďan.

BRUSKÁ OR PÍSECKÁ GATE was built in 1721, as designed by K. Dienzenhofer. Since 1828, the first Prague horse railway brought wood through it from the forests around the village of Křivoklát. Since 1845, it was the route of the steam railway to Olomouc and Dresden.

DAS BRUSKÁ- ODER PÍSECKÁ-TOR wurde 1721 nach dem Entwurf K. Dienzenhofers erbaut, 1828 führte die erste Pferdebahn von dort weg, die Holz aus den Wäldern um Křivoklát nach Prag beförderte. Ab 1845 fuhr hier auch die mit Dampf betriebene Eisenbahn nach Olmütz und Dresden.

LA PORTE BRUSKÁ OU PÍSECKÁ a été construite en 1721 d'après le projet de K. Dienzenhofer. A partir de 1828, le premier chemin de fer - à ce moment encore hippomobile - menait par là, pour le transport du bois des forêts de Křivoklát. A partir de 1845, il y avait une ligne de chemin de fer aux locomotives à vapeur, menant à Olomouc et à Dresde.

75. Vysokou úroveň technického i výtvarného zpracování kovu v Čechách v posledních dvou stoletích dokládá v Praze řada staveb, jejichž estetická i užitná hodnota je neobyčejně vysoká. Kovové prvky architektury, detaily vnitřního vybavení i vnějšího vzhledu budov rozvedené do bohaté ornamentiky jsou typickou ukázkou českého umění přelomu 19. a 20. století. Hanavský pavilon, stojící na okraji Letenských sadů, je toho názorným příkladem: byl navržen a také postaven jako výstavní pavilon sléváren Hanavského knížete Viléma pro Jubilejní výstavu v Praze roku 1891. O sedm let později byl postaven na tomto novém místě jako restaurace.

75. Many buildings whose aesthetic and practical value is exceptionally high illustrate the advanced level of technical and artistic metallurgy in Bohemia in the last two centuries. The metallic features of the architecture, the details of interiors as well as exteriors, and their rich ornaments are a typical example of Czech art at the turn of the 19th and 20th centuries. The Hanavský Pavilion, standing on the edge of the Letenské parkland, is a characteristic example. It was designed and also built as an exhibition pavilion of Duke Vilém's foundry for the Jubilee exhibition in 1891 in Prague. Seven years later, it was changed into a restaurant.

75. Das hohe Niveau der technischen sowie künstlerischen Metallverarbeitung in Böhmen der letzten zwei Jahrhunderte beweisen manche Bauten in Prag, deren ästhetischer Wert und Nutzen besonders hoch sind. Architektonische Metallelemente, Details der inneren Ausstattung und der äußeren Form mit reicher Ornamentik sind typische Beispiele für die tschechische Kunst der Jahrhundertwende. Der am Rande der Letná-Gärten stehende Hanauer Pavillon ist Beweis dafür: er wurde als Ausstellungspavillon der Glashütte des Hanauer Fürsten Wilhelm für die Jubiläumausstellung in Prag entworfen und erbaut. Sieben Jahre später wurde er als Restaurant an diesen neuen Ort gestellt.

75. Un assez grand nombre de constructions de Prague témoignent du haut niveau technique et artistique du traitement du métal en Bohême au cours de deux dernières siècles: leur valeur esthétique et pratique est remarquable. Les éléments en métal, des détails de l'agencement de l'intérieur, de même que de l'aspect extérieur déployant de riches compositions ornementales, c'est un exemple typique de l'art tchèque de la fin du XIXe siècle et du début du XXe siècle. Le Pavillon de Hanau, qui se trouve au bord du parc de Letná, en est un exemple typique: il a été projeté et construit en tant que pavillon de la fonderie du prince Guillaume de Hanau à l'occasion de la Foire de Prague en 1891. Sept ans plus tard, il a été transporté à cet entroit et transformé en restaurant.

HANAVSKÝ PAVILON navrhli J. Heiser a Hercík v novobarokním stylu. V l. 1967-1971 byl pavilón zrekonstruován a slouží nyní opět jako restaurace.

THE HANAVSKÝ PAVILION, was designed by J. Heiser and Hercík in a neo-Baroque style. In 1967-1971, the pavilion was reconstructed into a restaurant.

DER HANAUER PAVILLON wurde von J. Heiser und Hercík in neubarockem Stil entworfen. In den Jahren 1967-1971 wurde der Pavillon renoviert und wird wieder als Restaurant genutzt.

LE PAVILLON DE HANAU a été projeté par J. Heiser et Hercík en style néo-baroque. De 1967 à 1971 il a été reconstruit et c'est de nouveau un restaurant.

r. 1891

76. Třináct mostů spojuje v Praze oba vltavské břehy. Každý z nich je jiný, každý má svou vlastní tvář i historii. Z Letné lze přehlédnout ty nejznámější a nejkrásnější. Rozložily se jako vějíř nad velkým ohybem řeky, nesouce vesměs jména českých umělců a mecenášů; nejprve, zcela nalevo Hlávkův, pak Švermův a Čechův, poté Mánesův a za ním Karlův, ještě dál most Legií a most Jiráskův a nakonec Palackého. Staly se neodmyslitelnou součástí Prahy, srostly s ní svými tvary a většina z nich i svou sochařskou výzdobou, nacházející svůj předobraz v nejslavnějším a nejkrásnějším z nich.

76. The banks of the Vltava are connected by thirteen bridges in Prague. Each is different and has its own face and history. From the lookout in the Letná parkland, it is possible to see the most famous and the most beautiful. They unfold like a fan above the large bend of the river, and most bear the names of Czech artists and arts patrons. The first on the left is the Hlávka bridge, then the Šverma, then the Čech, the Mánes, the Charles, then the Bridge of the Legions, then the Jirásek, and lastly, the Palacký. They have become an essential part of Prague, growing into it with their very shapes and sculptural ornamentation, using as their model the most famous and the most beautiful of them.

76. Dreizehn Brücken verbinden beide Moldauufer in Prag. Jede von ihnen ist anders, jede hat ihren eigenen Charakter und ihre eigene Geschichte. Von Letná aus kann man die bekanntesten und schönsten sehen. Sie breiten sich über dem großen Flußbogen wie ein Fächer aus, meistens nach tschechischen Künstlern und Mäzenen genannt; zuerst ganz links die Hlávka-, dann Šverma- und Čech-, danach Mánes- und dahinter die Karlsbrücke, noch weiter die Brücke der Legionen, die Jirásek- und zuletzt die Palacký-Brücke. Sie wurden zu einem stabilen Bestandteil Prags, ihre Formen verwuchsen mit der Stadt, die meisten von ihnen auch durch ihre Bildhauerausschmückung, die ihr Vorbild bei der schönsten von ihnen gefunden hatten.

76. Treize ponts relient les rives de la Vltava à Prague. Chaque pont diffère des autres, a un autre aspect et une autre histoire. De la colline de Letná on peut embrasser d'un coup d'oeil les plus connus et les plus beaux, étalés en éventail par-dessus le tournant de la rivière. Ils portent en général les noms des artistes et mécènes tchèques: le premier, à gauche, c'est le pont Hlávka, puis ce sont les ponts Šverma, Čech, Mánes, Charles, plus loin le pont des Légions et les ponts Jirásek et Palacký. Ils font partie inséparable de Prague, intégrés par leurs formes, la plupart aussi par leur sculptures - ayant comme modèle le pont le plus célèbre et le plus beau.

HLÁVKŮV MOST byl postaven v l. 1908-1912 podle návrhu F. Mencla, P. Janáka, M. Petrů, soch. výzdoba je od J. Štursy; *Švermův most* je z l. 1949-1951 a navrhli jej O. Širc, V. Hoffman a M. Koralewský, *Čechův most* projektovali M. Petrů a J. Koula a sochařskou výzdobu provedli A. Popp, V. Amort, K. Opatrný a L. Wurzel; *Mánesův most* vznikl podle projektu F. Mencla, J. Nového, P. Janáka, V. Hoffmana a M. Petrů v l. 1911-1916 a figurální reliéfy provedl J. Štursa; *most Legií* je z l.

1898-1901 a navrhl jej A. Balšánek, sochařské práce jsou od V. Amorta a J. Palouše; *Jiráskův most* byl stavěn v l. 1929-1931 podle návrhu F. Mencla a V. Hoffmana a *Palackého most* v l. 1876-1878 podle projektu J. Reitera se sochami J. V. Myslbeka, umístěnými dnes na Vyšehradě.

THE HLÁVKA BRIDGE was built in 1908-1912, designed by F. Menzel, P. Janák, M. Petrů. The sculptures by J. Štursa. The *Šverma Bridge* is from 1949-1951, designed by O. Širc, V. Hoffman, and M. Koralewský. *The Čech Bridge,* designed by M. Petrů and J. Koula, the sculptures created by A. Popp, V. Amort, K. Opatrný, L. Wurzel. *The Mánes Bridge,* designed by F. Mencel, J. Nový, P. Janák, V. Hoffman, and M. Petrů, in 1911-1916. The figural reliefs were created by J. Štursa. *The Bridge of the Legions* was built in 1898-1901 and designed by A. Balšánek, the sculptures by V. Amort and J. Palouš. *The Jirásek Bridge* was built in 1929-1931, designed by F. Mencel and V. Hoffman. *The Palacký Bridge* was built in 1876-1878, designed by J. Reiter, with sculptures by J. V. Myslbek, now located at the Vyšehrad castle.

DIE HLÁVKA-BRÜCKE wurde 1908-1912, nach Entwürfen von F. Mencl, P. Janák und M. Petrů, erbaut, die Statuen sind von J. Štursa; *die Šverma-Brücke* ist aus den Jahren 1949-1951, entworfen wurde sie von O. Širc, V. Hoffman und M. Koralewský; *die Čech-Brücke* projektierten M. Petrů und J. Koula, mit Statuen schmückten sie A. Popp, V. Amort, K. Opatrný und L. Wurzel; *die Mánes-Brücke* entstand 1911-1916 nach den Plänen F. Mencls, J. Novýs, P. Janáks, V. Hoffmans und M. Petrůs, die Figuralreliefs führte J. Štursa durch; *die Brücke der Legionen* ist aus den Jahren 1898-1901 und wurde von A. Balšánek entworfen, die Bildhauerarbeiten sind von V. Amort und J. Palouš; *die Jirásek-Brücke* wurde 1929-1931 nach dem Entwurf F. Mencls und V. Hoffmans erbaut, und *die Palacký-Brücke* 1876-1878 nach Plänen von J. Reiter mit Statuen von J. V. Myslbek, die heute auf dem Vyšehrad stehen.

LE PONT HLÁVKA a été construit de 1908 à 1912 d'après le projet de F. Mencl, P. Janák, M. Petrů; la décoration sculpturale est l'oeuvre de J. Štursa. *Le pont Šverma* date de 1949 à 1951, a été projeté par O. Širc, V. Hoffmann, M. Koralewský. *Le pont Čech* a été projeté par M. Petrů et J. Koula, la décoration sculpturale est de A. Popp, V. Amort, K. Opatrný et L. Wurzel. *Le pont Mánes* a été construit d'après le projet de F. Mencl, J. Nový, P. Janák, V. Hoffmann et M. Petrů, de 1911 à 1916, les reliefs sont de J. Štursa. *Le pont des Légions* date de 1898 à 1901, a été projeté par A. Balšánek, décoré de sculptures par V. Amort et J. Palouš. *Le pont Jirásek* date de 1929-1931, a été projeté par F. Mencl et V. Hoffmann. *Le pont Palacký* de 1876 à 1878, projeté par J. Reiter; à l'origine il y avait des statues de J. V. Myslbek, aujourd'hui elles se trouvent à Vyšehrad.

I. pol. 19. stol.

90. léta 19. stol.

77. První polovina dvacátého století byla ve znamení mohutného rozkvětu české architektury, jež získala tehdy i světový ohlas. Po období secesního ornamentalismu a zdobnosti se objevila architektura střízlivějších tvarů. Krátké období kubismu vystřídala éra funkcionalismu a konstruktivismu, jíž české stavitelství získalo ohlas největší. Jednou z architektonicky nejčistších staveb tohoto období je Veletržní palác určený původně pro pražské vzorkové veletrhy. Po zničujícím požáru v roce 1974 byl rekonstruován pro potřeby Národní galerie jako výstavní, propagační i obchodní centrum moderního umění.

77. The first half of the 20th century saw the flourishing of Czech architecture to achieve world fame. A period of Art Nouveau ornamentalism was succeeded by the architecture of more sober shapes. A short period of Cubism was replaced by the era of functionalism and constructivism which most contributed to the fame of Czech architecture. One of the purest constructions of that period is the Exhibition Palace, designed originally for Prague exhibitions and markets. After a destructive fire in 1974, it was reconstructed as an exhibition, promotion and business centre of modern art for the needs of the National Gallery.

77. Die erste Hälfte des 20. Jh. stand im Zeichen des weiteren Aufschwungs der tschechischen Architektur, die damals Weltruf erreichte. Der Zeit des Jugendstils folgte die Architektur der nüchternen Formen. Die kurze Zeit des Kubismus wurde durch den Funktionalismus und Konstruktivismus abgelöst, für die tschechische Architekten die nachhaltigste Resonanz fanden. Eines der architektonisch reinsten Bauten dieser Epoche ist der Messepalast, ursprünglich für Prager Mustermessen bestimmt. Nach

dem vernichtenden Brand im Jahre 1974 wurde er für die Nationalgalerie als Ausstellungs-, Werbe- und Handelszentrum der modernen Kunst rekonstruiert.

77. Dans la première moitié du XXe siècle, l'architecture tchèque a atteint un de ses sommets et a joui d'une renommée mondiale. Une architecture de formes plus sobres a remplacé les ornementations du style Art noveau; puis après une courte période du cubisme, s'est présentée la période célèbre de fonctionnalisme et de constructivisme. Une des constructions de ce style, c'est le Palais de foires, destiné à l'origine aux foires d'échantillons de Prague. Un incendie en 1974 a causé de grands dégâts; on procède à sa reconstruction. Cet édifice servira aux activités de la Galerie Nationale - avec des salles d'expositions de l'art moderne et avec des services publicitaires et commerciaux.

VELETRŽNÍ PALÁC navrhli arch. O. Tyl a J. Fuchs a byl postaven v l. 1925-1928.

THE EXHIBITION PALACE was designed by the architects O. Tyl and J. Fuchs and was built in 1925-1928.

DER MESSEPALAST wurde von dem Architekten O.Tyl und J. Fuchs entworfen und 1925-1928 errichtet.

LE PALAIS DE FOIRES a été projeté par O. Tyl et J. Fuchs et construit de 1925 à 1928.

r. 1948

173

78. Jen kousek cesty od Veletržního paláce je vchod na Staré výstaviště, do areálu, jemuž dominuje Průmyslový palác. Jím pronikla do Prahy moderní západoevropská architektura. Inspirován byl slavnými stavbami pařížské světové výstavy z roku 1889 postavenými z dozdívaných montovaných železných konstrukcí. Palác byl postaven jako hlavní výstavní pavilón pro velkou Zemskou jubilejní výstavu v roce 1891, která navazovala na tradici podobných - byť pochopitelně podstatně menších - průmyslových výstav konaných v Čechách od poloviny 18. století, a zejména pak velké výstavy z roku 1791. Několik dalších podobných výstav se v něm konalo i později, ale pak byl upraven pro potřeby velkých shromáždění.

78. Only a few steps from the Exhibition Palace lies the entrance to the old exhibition area, dominated by the Palace of Industry, the first penetration by modern Western European architecture in Prague. It was inspired by famous buildings of the Paris World Exhibition of 1889, built from assembled iron construction units and then bricked. The palace was to be the main exhibition pavilion for the large national Jubilee Exhibition in 1891, which followed the tradition of similar, though smaller industrial exhibitions which had been taking place in Bohemia since the mid-18th century, as well as the tradition of the great Exhibition in 1791. Several other small exhibitions took place here even later, but it was then adjusted to the demands of large assemblies.

78. Nicht weit vom Messepalast entfernt befindet sich der Eingang ins Alte Ausstellunsgelände, ins Areal, wo der Industriepalast dominiert. Mit ihm drangen moderne, westeuropäische Architekturelemente nach Prag ein. Er wurde durch berühmte Bauten der Pariser Weltausstellung 1889 inspiriert, die aus eingemauerten Eisenkonstruktionen gebaut wurden. Der Palast war als Zentralgebäude für die Jubiläumausstellung im Jahre 1891 bestimmt, die an die Tradition ähnlicher, natürlich viel kleinerer Industrieausstellungen anknüpfte, die seit der Hälfte des 18. Jh. in Prag stattgefunden hatten, besonders aber an die große Ausstellung 1791. Auch später fanden dort einige ähnliche Ausstellungen statt, dann wurde er aber für die Bedürfnisse der großen Versammlungen hergerichtet.

78. Non loin du Palais de foires se trouve le Vieux parc des expositions, dominé par le Palais de l'industrie. Inspiré par les célèbres constructions métalliques de l'Exposition universelle de Paris en 1889, il manifeste l'entrée à Prague de l'architecture moderne. Le palais a été construit pour la grande Exposition jubilaire du pays en 1891, reprenant ainsi la tradition d'expositions industrielles semblables - naturellement bien plus petites - qui avaient eu lieu en Bohême à partir du milieu du XVIIIᵉ siècle, et puis surtout de la grande exposition de 1791. Plus tard, après avoir servi à d'autres expositions, il a été aménagé pour abriter de grandes assemblées.

PRŮMYSLOVÝ PALÁC navrhl za pomoci konstruktérů První českomoravské továrny na stroje arch. F. Münzberger. Stavba 800 tun těžké železné konstrukce trvala pouhých pět měsíců, kompletně byl palác hotov za necelých 8 měsíců.

THE PALACE OF INDUSTRY was designed by the architect F. Münzberger, with the help of the builders of the First Czech-Moravian Machine Works. The construction of 800 tons of iron frames lasted only five months. The palace was completed in eight months.

DEN INDUSTRIEPALAST entwarf der Architekt F. Münzberger mit Hilfe der Konstrukteure der ersten Tschechisch-Mährischen Maschinenfabrik. Der Bau der 800 Tonnen schweren Eisenkonstruktion dauerte bloß fünf Monate, vollendet war der Palast in knapp acht Monaten.

PALAIS DE L'INDUSTRIE a été projeté, avec l'aide des constructeurs de la Première usine tchécomorave de machines, par F. Münzberger. Le travail de montage de cette construction métallique pesant 800 tonnes, n'a duré que 5 mois, le palais entier a été terminé en moins de huit mois.

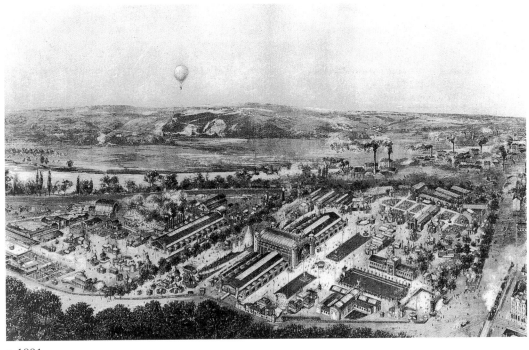

r. 1891

79. Až téměř na dnešním kraji města, na vltavském břehu a pod viničními svahy stojí jedna z nej-
pozoruhodnějších pražských barokních staveb, Trójský zámek. Tento letohrádek si dal pro sebe a svou
ženu Kláru z Malzanu postavit hrabě Václav Vojtěch ze Šternberka francouzskými, německými, nizo-
zemskými a italskými umělci. Dal tak vzniknout neobyčejné stavbě vilového typu, charakterizující bě-
hem 16. a 17. století proměňující se životní styl české šlechty. Svou bohatou malířskou a sochařskou
výzdobou zámek v moderní době přímo vybízel ke galerijnímu využití; před druhou světovou válkou
jej vlastnila Národní galerie, dnes jej k výstavám a koncertům využívá Galerie hl. města Prahy.

79. Almost on the edge of the town, on the bank of the Vltava, and beneath the vineyards, stands one
of the most remarkable of Prague's Baroque buildings, the Trojský Chateau. This chateau was built by
French, German, Dutch and Italian artists at the request of Count Václav Vojtěch of Šternberk for his
family. This exceptional building, more of a villa, was thus characteristic of the changing lifestyles of the
Czech nobility in the 16th and 17th centuries. The rich painting and sculptural decoration of the chateau
invited use as a gallery, and before the Second World War, the chateau indeed belonged to the National
Galery. Today it is used by the Capital City of Prague Gallery for exhibitions and concerts.

79. Fast am heutigen Stadtrand - am Moldauufer und unter Weinbergen, steht einer der bedeutend-
sten Barockbauten - das Schloß Troja. Dieses Lustschloß ließ sich Graf Václav Vojtěch von Šternberk
für sich und seine Frau Klara von Malzan von französischen, niederländischen und italienischen Kün-
stlern erbauen. So entstand ein außerordentlicher Typ der Villa, die den sich verändernden Lebensstil
des böhmischen Adels während des 16. und 17. Jh. charakterisiert. Mit seiner reichen malerischen und
Bildhauerausschmückung forderte das Schloß direkt dazu auf, in der heutigen Zeit zur Galerie zu wer-
den; vor dem Zweiten Weltkrieg war es im Besitz der Nationalgalerie, heute wird es für Ausstellungen
und Konzerte von der Galerie der Hauptstadt Prag verwendet.

79. Aux alentours actuels de la ville, au bord de la Vltava, en bas de coteaux plantés de vignes, se
trouve un des édifices baroques les plus remarquables de Prague: le château de Trója. Le comte Václav
Vojtěch de Šternberk a fait bâtir ce château de plaisance par des artistes français, allemands, néerlandais
et italiens pour lui et sa femme Klára de Malzan. Il a créé ainsi un modèle extraordinaire de riches vil-
las caractérisant le changement du style de la vie de la noblesse tchèque au cours du XVIe et XVIIe
siècles. Par sa riche décoration sculpturale et ses peintures murales il semble offrir ses salles aux expo-
sitions. Avant la deuxième guerre mondiale, il appartenait à la Galerie Nationale; à présent c'est la Ga-
lerie de la ville qui en dispose. Les salles du château sont devenues salles d' expositions et de concerts.

TRÓJSKÝ ZÁMEK vybudoval v l. 1679-1685 arch. J. B. Mathey ve stylu pozdního římského barokního klasicismu. Autory velkých nástropních i nástěnných fresek jsou Italové F. a G. Marchetti-ové a Nizozemci A. a I. Godinové.

THE TROJSKÝ CHATEAU was built in 1679-1685 by the architect J. B. Mathey in a style of late Roman Baroque Classicism. The authors of the great ceiling and wall frescos were the Italians F. and G. Marchetti and the Dutchmen A. and I. Godin.

DAS SCHLOß TROJA wurde vom Arch. J. B. Mathey im Stil des römischen barocken Spätklassizismus 1679-1685 erbaut. Wand- und Deckenfresken wurden von den Italienern F. und G. Marchetti und den Niederländern A. und I. Godin geschaffen.

LE CHÂTEAU DE TRÓJA a été construit de 1679 à 1685 par J. B. Mathey en style du classicisme baroque romain. Auteurs de grandes fresques murales et du plafond sont les Italiens F. et G. Marchetti et les Néerlandais A. et I. Godin.

kolem r. 1740

80. „Město Frága je vystavěno z kamene a vápna a je největším městem co do obchodu. Přicházejí sem z města Krákova Rusové a Slované se zbožím. A z krajin Turků muslimové rovněž se zbožím a obchodními mincemi. Ti vyvážejí od nich otroky, cín a různé kožišiny. Jejich země je nejlepší zemí ze severu a nejzásobenější v potravinách. Prodává se tam za jeden kírát tolik pšenice, že vystačí člověku na měsíc, a za tutéž cenu tolik ječmene, kolik vystačí jezdci na čtyřicet dní, a dále za tento kírát deset slepic. V městě Fráze se vyrábějí sedla, uzdy a tlusté šípy, kterých se užívá v těchto zemích."
  Ibráhím ibn Jakúb roku 965

80. „The town of Fraga is built of stone and lime and is the largest town in terms of business. From the town of Krakow arrive the Russians and the Slavs with their goods. And from the regions of Turkey the Muslims with their goods and coins. They bring slaves, tin, and various furs. Their country is the best in the north, and the richest in food. For one Kirat coin, one gets as much wheat as one needs in a month. And at the same price, enough barley to last a rider for forty days. And again for this one Kirat, ten hens. In the town of Fraga, they produce saddles, horse bridles, and thick arrows which are used in these countries."
  Ibrahím ibn Jakúb, in the year 965

80. „Die Stadt Fraga ist aus Stein und Kalk gebaut und ist die größte Handelsstadt. Aus der Stadt Krakau kommen Russen und Slawen mit ihren Waren hierher. Und aus den türkischen Ländern kommen die Moslems auch mit ihren Waren und Handelsmünzen. Von hier führen sie Sklaven, Zinn und verschiedene Pelzwaren aus. Dieses Land ist das beste Land im Norden und am besten mit Lebensmitteln versorgt. Man verkauft dort für einen Kirat soviel Weizen, daß es einem Menschen für einen Monat reicht, und für den gleichen Preis soviel Gerste, was einem Reiter für vierzig Tage ausreicht, und für diesen Kirat kauft man zehn Hühner. In der Stadt Fraga werden Sattel, Zaumzeug und dicke Pfeile erzeugt, die in diesen Ländern gebraucht werden."
  Abraham ben Jakob im Jahre 965

80. „La ville de Frága est construite de pierre et de chaux et c'est la plus grande ville en ce qui concerne le commerce. Les Russes et les Slavent y arrivent partant de la ville de Krákov, avec leur marchandise.Et aussi les musulmans des pays des Turcs avec leur marchandise et leur pièces de monnaie. Ceux-là exportent des esclaves, de l'étain et des fourrures. Leur pays est le meilleur pays du Nord et

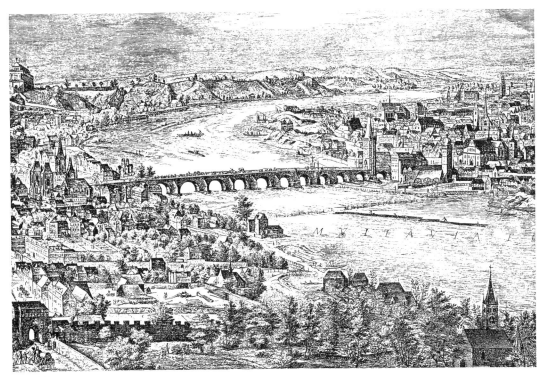

r. 1606

18. stol.

le mieux ravitaillé. Pour un kírát on y vend tant de blé que cela suffit à un homme pour un mois, et au même prix tant d'orge que cela suffit à un cavalier pour 40 jours, et puis pour ce kírát dix poules. Dans la ville Frága on fabrique des selles, des brides et des flèches épaisses dont on se sert dans ces pays."
Ibráhim ibn Jakúb en 965

„Praha, chrám mocného Boha a tvrz všech českých krajů, rozlehlé město, sídlo arcibiskupů a králů i císařů, leží ve středu Evropy... Přihlížíš-li ke starobylosti měst, ze svobodných velkolepých a velmi mocných pramálo lze s ní srovnávat."
Bartoloměj Martinides roku 1615

„Prague, the temple of a mighty god and the fort of all Czech lands, a vast town, the seat of archbishops, kings, emperors, lies in the heart of Europe. In terms of its antiquity, it cannot be compared to any other free, wonderful and mighty towns."
Bartholomeus Martinides, 1615

„Prag, Dom des mächtigen Gottes und Festung aller böhmischen Landschaften, eine große Stadt, Sitz der Erzbischöfe, Könige und Kaiser, liegt in der Mitte Europas... Wenn man auf die Altertümlichkeit der Städte Rücksicht nimmt, kann man nur sehr wenige von den freien, prächtigen und recht mächtigen Städten mit Prag vergleichen."
Bartoloměj Martinides im Jahre 1615

„Prague, temple d'un Dieu puissant et bastion de toutes les régions de la Bohême, siège des archevêques et des rois et des empereurs, est située au centre de l'Europe. Si l'on prend en considération le caractère archaïque des villes, alors parmi les villes libres, splendides et très puissantes, il n'y en a que très peu qui puissent être comparées à elle."
Bartoloměj Martinides en 1615

„Chci-li vyjádřit slovo tajemství jiným slovem, nalézám pouze jediné slovo - Praha. Je kalná, zádumčivá, jako kometa, je krásná jako oheň a stejně plíživá a úskočná, je hadovitá a šálivá jako anamorfózy manýristů, obklopená nimbem ponurého úpadku, poznamenaná grimasou věčného rozčarování."
A. M. Ripellino roku 1973

„If I want to express the word "mystery„ by another word, I find only one: Prague. It is turbid, ruminative, comet-like, beautiful as fire, but also creeping and insidious, it is snake-like, deceitful as the anamorphosis of the Mannerism, it is surrounded by the nimbus of dim decay, marked by the grimace of eternal disenchantment."
A. M. Ripellino 1973

„Wenn ich das Wort Geheimnis mit einem anderen Wort ausdrücken will, finde ich nur ein einziges Wort - Prag. Es ist trüb, tiefsinnig, wie ein Komet, schön wie Feuer und genauso schleichend und hinterlistig, es ist wie eine Schlange und trügerisch wie Anamorphosen der Manieristen, vom Nimbus des düsteren Verfalls, durch die Grimasse der ewigen Enttäuschung geprägt."
A. M. Ripellino 1973

„Si je veux exprimer le mot mystère par un autre mot, je ne trouve qu'un seul - Prague. Elle est trouble, ténébreuse, comme une comète, elle est belle comme le feu et également rampante et insidieuse, elle est serpentine et fallacieuse comme les anamorphoses des maniéristes, entourée du nimbe d'une décadence, marquée de la grimace d'un désenchantement éternel.
A. M. Ripellino 1973

OBSAH

Doc. PhDr. Zdeněk Beneš
PRAHA V ZASTAVENÍ ČASŮ

Fotografie Josef Houdek
Mapy nakreslila Naděžda Lexová
Obálku navrhla Miroslava Jakešová
Graficky upravil Jiří Hajný
Vydalo Vydavatelství a nakladatelství Práce, s. r. o.,
Václavské nám. 17, 112 58 Praha 1, r. 1996
jako svou 6 989. publikaci
Odpovědná redaktorka PhDr. Marie Jožáková
Výtvarný a technický redaktor Pavel Rajský
1. vydání
Vytiskla Svoboda, a. s. Praha
Tematická skupina 02/59
24-010-95

1560